新潟県 歴史の舞台

妙宣寺（みょうせんじ）五重塔（佐渡市阿仏坊〈あぶつぼう〉。佐渡観光協会提供)。妙宣寺は、弘安元年（1278）頃、市内金井新保（かないしんぼ）の阿仏坊日得（にっとく）による開基。境内の五重の塔は、高さ24.11メートル。和様三間五重塔婆、桟瓦葺（さんがわらぶき）（旧柿〈こけら〉葺)。相川の宮大工・長坂茂三右衛門・金蔵親子が２代、30年の歳月を費やして文政８年（1825）３月に完成した。新潟県内に残る唯一の五重塔で、日光東照宮の物を模したとされる。国指定重要文化財。

馬高（うまたか）遺跡（長岡市関原町。長岡市立科学博物館提供）。縄文時代中期(約5500 ～ 4500年前)の大規模集落遺跡。明治時代から土器・石器の採取で知られており、遺物採集家の近藤勘治郎・篤三郎父子によって発掘された。昭和11年（1936）には火焔土器や大型土偶が出土している。国指定史跡。

空から見た古津八幡山（ふるつはちまんやま）遺跡（新潟市秋葉区古津、金津および蒲ヶ沢。新潟市文化財センター提供）。弥生時代後期から古墳時代前期（１世紀～３世紀）にかけての大規模高地性環濠集落で、信濃川と阿賀野川に挟まれた丘陵上に立地する。発掘調査により、環濠や墓（方形周溝墓・土器棺墓・前方後方形周溝墓）・土坑・竪穴住居などが発見されている。国指定史跡。

菖蒲塚（あやめづか）古墳全景（新潟市西蒲区。新潟市文化財センター提供）。全長五三メートル、後円部径三三メートル、同高さ三メートル。新潟県最大級、日本海北限の前方後円墳。古墳時代前期（四世紀後半）の築造で、江戸時代の盗掘により、鏡一面、勾玉一点、管玉七点が出土している。直径二一メートルの隼人塚古墳（円墳）が隣接する。国指定史跡。

城の山（じょうのやま）古墳（胎内市大塚地内。胎内市教育委員会提供）。日本最北の前期古墳で、４世紀前半の築造。東西41×南北35メートル、高さ約５メートルの楕円形円墳（県内３番目の大きさ）。平成24年（2012）の発掘で、舟形木棺・靫（ゆぎ）・大刀・銅鏡などが未盗掘状態で発見された。出土した盤龍（ばんりゅう）鏡は、１～３世紀頃の中国製とみられている。

草生水献上場（くそうずおんじょうば）（柏崎市西山町。柏崎市総合企画部文化振興課提供）。『日本書紀』天智天皇７年（668）７月条に、「越の燃土、燃水とを献ず」とある故地。附近は「西山油田」と呼ばれ、明治初期から昭和初期には、最盛期年間300万トンもの石油が産出されていた。毎年８月に開催される「草生水まつり」の採油式はここで執り行われている。

弥彦（やひこ）神社拝殿（弥彦村弥彦。画像提供：弥彦観光協会）。創建年代は不詳。標高634メートルの弥彦山の東麓に鎮座する。現在の祭神は天香山（あめのかごやま）命だが、文明３年（1471）の「古縁起」には、和銅２年（709）に弥彦明神が弥彦山の西麓、米水浦に来臨したと記す。「延喜式神名帳」には伊弥比古神社とある。境内末社・十柱神社社殿は、国指定重要文化財。

蓮華峰寺（れんげぶじ）金堂（佐渡市小比叡。佐渡観光協会提供）。佐渡随一の古刹で、寺伝では空海が大同年間（806年頃）開基したとする。金堂は入母屋造で柱間は正面側面とも５間。解体修理の際に堂内羽目板裏から長禄３年（1459）の墨書が見つかっており、絵様・操形の形式から応永年間(1394～1428)までさかのぼると考えられている。国指定重要文化財。

村上城冠木門跡（村上市一之町）。元は戦国時代（16世紀初頭）に、阿賀北の領主、本庄氏によって臥牛山（がぎゅうさん）山頂に築かれた平山城。慶長３年（1598)、村上義明（頼勝）が改修し、さらに元和６年（1620）に入城した堀直奇が整備を加え、３層の天守が上げられた。松平直矩時代には、天守・櫓などが造り替えられたが、寛文７年（1667）の落雷で天守を焼失。現在、曲輪・石垣・天守台・虎口・外堀などの遺構が残る。国指定史跡。

新発田城跡に建つ御三階櫓（新発田市大手町）。慶長二年（一五九七）、新発田氏の旧城跡に、新発田藩初代藩主・溝口秀勝が築城。三代藩主・宣直の時代に完成した。三階櫓が実質的な天守で、承応三年（一六五四）の創建櫓は、寛文八年（一六六八）に焼失。平成十六年（二〇〇四）に辰巳櫓とともに復元された三階櫓は、延宝七年（一六七九）の再建櫓に基づく。

佐渡奉行所跡（佐渡市相川広間町。佐渡観光協会提供）。慶長６年（1601）の佐渡金山の開山にともない、佐渡は徳川氏直轄の天領（幕府直轄地）となり、相川に奉行所が置かれた。その後、何度か焼失したが、近年安政５年（1858）に建てられた奉行所を基に復元し、一部が公開されている。

本成寺黒門（三条市西本成寺。長岡造形大学 平山研究室提供）。市橋長勝が築いた近世三条城（中世の三条島城とは別）が廃城になった寛永８年（1631）以降に移築された、三条城唯一の遺構とされる。ただし、彫刻絵様から江戸時代中期の建築と判断されている。当初は、両側面に袖塀が取り付き、正面には小天井があったという。三条市指定文化財。

乙寳寺（おっぽうじ）三重塔（胎内市中条町乙。新潟県観光協会提供）。天平八年（七三六）聖武天皇の勅願で開山と伝える古刹。三重塔は、慶長十九年（一六一四）起工、元和六年（一六二〇）竣工。棟札によれば、願主は村上藩第二代藩主・村上忠勝で、棟梁は京都小嶋近江守藤原吉正。高さ約二四メートル、柿葺。国指定重要文化財。

五十公野御茶屋（いじみのおちゃや）（新発田市五十公野。新発田市観光協会提供）。新発田藩藩主・溝口家の別邸。初代藩主・溝口秀勝の入封時の仮住居が始まりとされるが、現在の建物は文化11年（1814）の建築になる。第４代藩主・溝口重雄の時代に作庭され、別邸は茶寮となり、参勤交代時の休息にも使用された。新潟県指定有形文化財、国指定名勝。

柏崎陣屋跡および柏崎県庁跡（柏崎市大久保。柏崎観光協会提供）。桑名藩の飛地（越後221か村）支配の拠点として、寛保２年(1742)、陣屋（代官所）が設けられた。東西100間(180メートル)×南北50間(90メートル)の敷地内には、御役所・預役所・刈羽会所の建物や役人・家族の住む長屋などがあった。天保８年(1837)には、国学者・生田万の襲撃を受けた。慶応４年（1868）には柏崎県庁が置かれた。

歴史新書

あなたの知らない新潟県の歴史

監修 山本博文
Yamamoto Hirofumi

洋泉社

はじめに

山本博文

新潟県は越後《えちご》国と佐渡《さど》国からなる。面積は全国第五位で、富山・石川・福井三県に相当する。もと越《こし》(高志《こし》)国の一部で、越の蝦夷《えみし》に対する最前線として、七世紀半ばに渟足柵《ぬたりのき》(新潟市付近)、磐舟柵《いわふねのき》(村上《むらかみ》市付近)が置かれた。七世紀末、越国が三分割され、越後国が成立した。

鎌倉時代には、関東武士が地頭として入ってきて、各地に武士団が成立した。承久《じょうきゅう》の乱で順徳《じゅんとく》上皇が佐渡に流されたほか、親鸞《しんらん》が越後に、日蓮が佐渡に流されるなど、流罪の地でもあった。室町時代には、守護《しゅご》上杉《うえすぎ》氏の支配下にあった。国人《こくじん》領主の色部《いろべ》家には「色部氏年中行事」という史料が残されており、節句や祭礼などの行事を領主と農民が一体となって行う姿が示されている。

越後国の守護代《だい》出身の長尾景虎《ながおかげとら》(上杉謙信《うえすぎけんしん》)は、越後を統一し、上杉憲政《のりまさ》から上杉家の家督と関東管領職《かんれいしき》を譲られた。彼は、関東の秩序回復に努め、甲斐《かい》の武田信玄《たけだしんげん》とは川中島《かわなかじま》で五回におよんで戦った。米沢市上杉博物館所蔵の国宝『洛中洛外図屏風《らくちゅうらくがいずびょうぶ》』は、織田信長が謙信に贈ったものとされる。謙信の死後、御館《おたて》の乱で相続争いに勝利した上杉景勝《かげかつ》は、豊臣秀吉の支配下に入る。秀吉晩年には五大老の一人とされ、会津《あいづ》に百二十万石を与えられて転封となった。

江戸時代の越後は、家康の六男松平忠輝《まつだいらただてる》が入って成立した高田《たかだ》藩(のち譜代《ふだい》の榊原《さかきばら》家が入って定着)、新発田《しばた》藩(溝口《みぞぐち》家)、長岡《ながおか》藩(堀《ほり》家→牧野《まきの》家)など十藩ほどがあった。佐渡金山は幕府の直轄で、幕府の財政を支えた。

安政《あんせい》五年(一八五八)、日米修好通商条約で、新潟奉行が管理していた幕府領の新潟が開港地とされるが、開港は遅れた。北部の下越《かえつ》地方では、明治期に油田が開発され、製油業、機械工業、ガス化学工業などが発展した。

広大な県域であるため、生活圏は下越、中越《ちゅう》、上越《じょう》、佐渡に分かれる。多くは豪雪地帯で、人間関係が非常に親密である。中越と上越は日本一の米作地帯で、ブランド米の生産で有名である。また、土木工事業など建設業を営む企業が多く、土建王国と呼ばれることもあった。

あなたの知らない　新潟県の歴史——

［目次］

【第1章】新潟県の古代

【第2章】 新潟県の鎌倉・室町時代

【第3章】新潟県の戦国時代

【第４章】新潟県の江戸時代

【第5章】新潟県の近代

※縮尺の関係で、史跡などの位置が実際の場所より離れてポイントされている場合があります。

新潟県歴史MAP

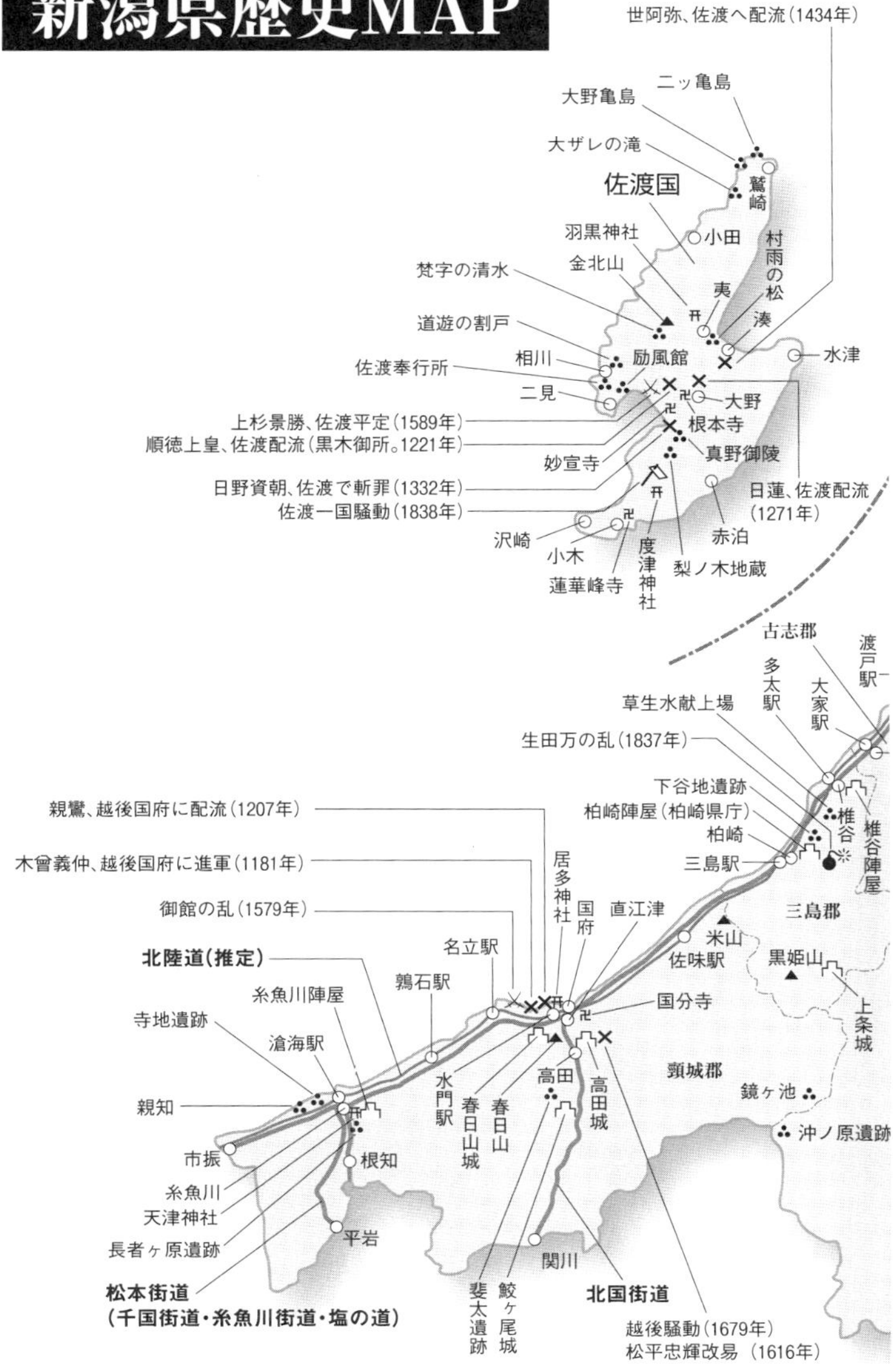
世阿弥、佐渡へ配流（1434年）
二ッ亀島
大野亀島
大ザレの滝
佐渡国
鷲崎
羽黒神社
小田
村雨の松
梵字の清水
金北山
夷
道遊の割戸
湊
水津
相川
励風館
佐渡奉行所
二見
大野
上杉景勝、佐渡平定（1589年）
根本寺
順徳上皇、佐渡配流（黒木御所。1221年）
真野御陵
妙宣寺
日野資朝、佐渡で斬罪（1332年）
日蓮、佐渡配流
（1271年）
佐渡一国騒動（1838年）
赤泊
沢崎
小木
度津神社
梨ノ木地蔵
蓮華峰寺
古志郡
渡戸駅
多太駅
大家駅
草生水献上場
生田万の乱（1837年）
下谷地遺跡
柏崎陣屋（柏崎県庁）
椎谷
椎谷陣屋
柏崎
三島駅
親鸞、越後国府に配流（1207年）
木曾義仲、越後国府に進軍（1181年）
居多神社
国府
直江津
三島郡
御館の乱（1579年）
米山
佐味駅
名立駅
黒姫山
北陸道（推定）
国分寺
上条城
糸魚川陣屋
鶉石駅
寺地遺跡
頸城郡
滄海駅
高田
高田城
水門駅
春日山城
春日山
鏡ヶ池
親知
沖ノ原遺跡
市振
根知
糸魚川
天津神社
長者ヶ原遺跡
平岩
関川
松本街道
（千国街道・糸魚川街道・塩の道）
斐太遺跡
鮫ヶ尾城
北国街道
越後騒動（1679年）
松平忠輝改易（1616年）

第1章

新潟県の古代

八幡林官衙（はちまんばやしかんが）遺跡（長岡市島崎。長岡市立科学博物館提供）。島崎川（信濃川支流）流域の谷に突き出た低丘陵上を中心に所在。発掘調査で、木簡・墨書（ぼくしょ）土器などの文字資料が出土し、9世紀頃の国府の出先機関や駅家などが併設された複合的な官衙施設であったことが判明した。平成7年（1995）、国の史跡に指定された。

第1章 時代をよむ

環日本海地域に開いた「越国」

地球最後の氷河期は約一万五千年前にピークに達し、その後、徐々に地球は温暖化に転じた。

温暖化は陸上の氷河を解かし、その水が海に流れ込む。日本列島はそれまで地続きだった大陸から切り離され、北海道、本州、四国、九州とその周辺の大小の島々が生まれた。このとき朝鮮半島と九州の間に海峡ができたため、暖流の黒潮から分かれた対馬暖流が日本海に流れ込むようになった。

日本海は冷たい湖から温かい海に生まれ変わった。温かい海から立ち昇る水蒸気は、大陸から吹きつける西風に乗って日本列島に運ばれるが、日本海の先に立ちはだかる山の斜面にぶち当たることで、冬季、雪の多い気候が成立する。暖流が日本海に流れ込んで北上したからこそ、豪雪を受け入れざるをえなかったこのパラドックス。

ただ、この海は人ともの、情報が行き交う場所にもなった。

古代において畿内に成立したヤマト王権にとっても、山を越した先にあるクニが、「越《こし》」だった。越国の顔はけっしてヤマトのほうを向いていたのではなく、いろいろなものをもたらしてくれる日本海という海と、それによってつながる環日本海地域に向いていた。「越」の領域は、ヤマト王権にとっては、ともかくその顔をこちらに向けさせ、さらに先にある蝦夷《えみし》の地への攻略の拠点とすべき場だった。だから、その対蝦夷政策の進捗によって「越」の国境も何度か変動する。今の新潟県域が画定するのは、八世紀初頭になって南限と北限がやっと決められてからのことだった。そこから、一時期は、佐渡《さど》国が独立した行政単位となったこともあった。

現代でも、新潟県が含まれる地域ブロック分けは、「東北七県」、「北陸四県」、「信越」「北信越」(「信越」の北、という意味ではなく、「北陸」と「信越」が合わさったもの)、「甲信越」とさまざまで、あるいは昭和四年(一九二九)の清水トンネルの開通以降は「関東甲信越」という言われ方もされるようになった。

古代から続く都からの遠近感の揺れが、こうした地域認識となって現われるのだ。

Q1

縄文時代、県産翡翠を運ぶ「翡翠ロード」があった！

翡翠《ひすい》――というのは元来、鳥の名で、正確にいえば青や緑の美しい羽を持つかわせみ科の鳥を総称していう。カワセミの羽のような緑や緑白色の透明あるいは半透明の美しい鉱物、「硬玉《こうぎょく》」の一種が、いつしか翡翠と呼ばれるようになったのだ。

翡翠の原石については、かつては日本には産せず、すべて国外からの流入品と考えられていたが、姫川《ひめかわ》支流の小滝川《こたきがわ》や青海《おうみ》川流域が原産地と確認され、昭和四十三年（一九六八）から西頸城郡《にしくびきぐん》青海町《おうみまち》（現糸魚川市《いといがわし》）の寺地《てらじ》遺跡が調査され、硬玉（翡翠）の加工場と考えられる竪穴住居跡や翡翠玉、蛇紋岩《じゃもんがん》製磨製石斧《ませいせきふ》の未成品と原石などが大量に出土。玉造りの工房（攻玉《こうぎょく》遺跡）の存在が明らかになった。また、糸魚川市の長者ケ原《ちょうじゃがはら》遺跡や県境に位置する富山県朝日《あさひ》町の境《さかい》A遺跡など、他にも近在に攻玉遺跡が発見され、西頸城の糸魚川・青海地域が玉の生産センターであることも分かった。

翡翠玉の生産は縄文時代前期末に始まる。最盛期の縄文中期には、長さ一〇センチ前後の鰹節《かつおぶし》状の「翡翠大珠《たいしゅ》」が多く生産され、県内では信濃《しなの》川上中流に集中して分布。中部や関東、東北と東日本一帯に広く供給された。こうして翡翠玉の分布は縄文後期や晩期には九州や北海道南部まで及ぶ。青森市の三内丸山《さんないまるやま》遺跡からも糸魚川産の翡翠が出土しており、日本海を経路にした交易ルートの存在、そして自給自足の閉じた社会でない活発な経済流通活動を展開した縄文時代像も浮かび上がった。

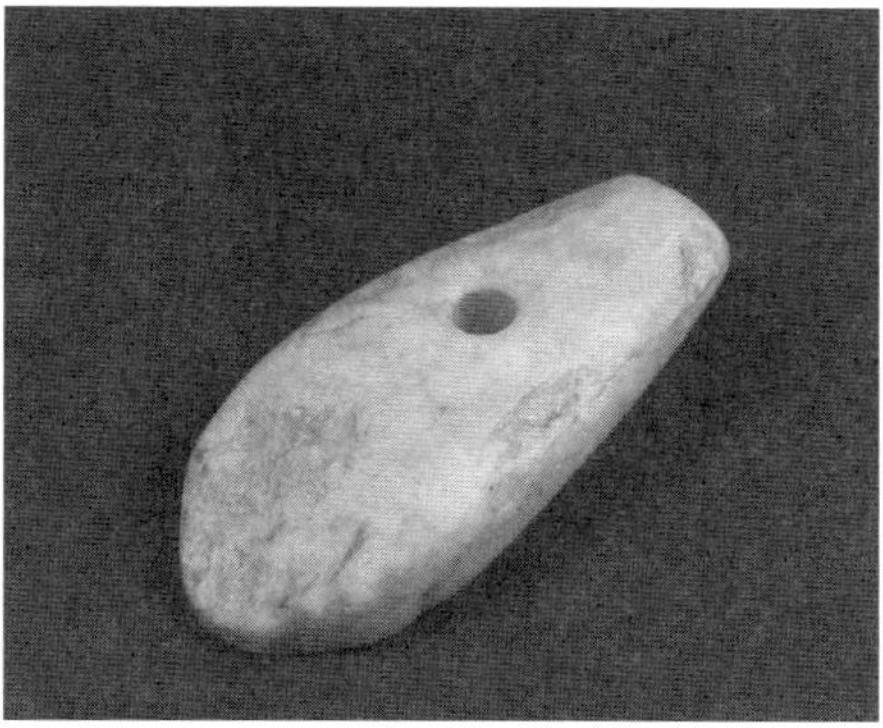

長者ケ原遺跡（糸魚川市一ノ宮）出土の翡翠大珠（糸魚川市教育委員会提供）

青海川を上流にさかのぼると橋立《はしだて》ヒスイ峡があり、真砂橋《まなごはし》から上流の約五〇〇メートルの渓谷一帯が国の天然記念物「青海川の硬玉産地及び硬玉岩塊《がんかい》」に指定。現在では、車輌の乗り入れ規制や夜間立ち入り禁止など原石の盗難対策が講じられている。

Q2 縄文中期の「火焔型土器」が、ほぼ新潟県内に分布するのはなぜ？

昭和十一年（一九三六）、長岡市の信濃川《しなのがわ》左岸、関原《せきはら》丘陵上にある馬高《うまたか》遺跡を、地元の研究者近藤勘次郎《かんじろう》・篤三郎《とくさぶろう》父子が発掘調査。口縁部に鶏頭冠《けいとうかん》状の把手《とって》が四つあり、頸部や胴部に隆帯文《りゅうたいもん》がくまなく施された深鉢《ふかばち》型の縄文土器を発見した。把手の形が炎が燃えあがっているように見えることから、「火焔《かえん》型土器」と呼ばれるようになった。

その後も新潟県内から同様の火焔型土器が見つかる。十日町《とおかまち》市の笹山《ささやま》遺跡は縄文中期の大集落遺跡で、ここで発見された火焔型土器は、立体的な装飾が過剰なまでの上半部とシンプルな下半部との均整も美しく、もはや芸術作品の域に達したもの。「縄文芸術の華」とまでいわれた。新潟県で初の国宝に指定されたのは、火焔型土器とその仲間の王冠型《おうかんがた》土器二十個を含む笹山遺跡の出土品だった。

火焔型土器は、翡翠《ひすい》の玉文化が栄えたのと同じ縄文中期に最盛期を迎えた。秋田、福島、長野、富山、群馬、栃木にも波及したことが分かっているが、新潟県境の山間部からそう遠くへは行かない範囲が多く、新潟県内での分布状況を見ても津南《つなん》町から長岡周辺までの信濃川流域に集中。地域限定の流行だったことが分かる。

ただし、この土器のつくり手たちが、「炎」をイメージしてこうした土器の装飾を施したかどうかは分からない。現代人の後付け知識によって「そう見えてしまうもの」でしかないからだ。

馬高遺跡出土の火焔型土器（火焔Ａ式１号深鉢土器。長岡市立科学博物館蔵）

謎の多い芸術作品といっていいが、この豪華な造形が、主に新潟県域の信濃川流域に暮らした縄文人たちが心に抱いた何らかの世界観の表出であることは間違いない。そして限定された地域から発せられた、その、あるいは呪術的なメッセージに共感した縄文人が、東日本と北日本、北関東にいたことも確かだ。

Q3

「倭国大乱」は新潟県にもあった?

稲作が朝鮮半島から九州北部に伝えられたのは紀元前三世紀頃と考えられている。これが弥生文化で、急速に日本列島に伝播していくが、新潟県域に北陸から弥生文化が流入したのは、弥生時代中期の中頃と考えられている。それまでは青森の亀ヶ岡《かめがおか》文化系の東日本・北日本の文化が、豊かで成熟した狩猟採集社会をつくりあげていた。

上信越自動車道と北陸自動車道とのジャンクションを建設するのにともなって発見されたのが、上越市の裏山《うらやま》遺跡だ。現代の上越ジャンクション同様に、この地は中世には春日山《かすがやま》城が築かれた要衝。遺跡は、頸城《くびき》平野を一望できる標高九〇メートルの山頂に、鉢巻状に環濠をめぐらせた弥生時代後期後半の高地性集落だった。山の北側に、日本海側を見張るように山頂から身を乗り出すかたちで八軒の竪穴住居が並んでいたようだが、その住居内部には炭や焼土の層があり、焼き打ちに遭った可能性も示唆している。高地性集落は、「戦いのムラ」なのだ。狩猟採集民と稲作民の対立もあっただろうし、稲作民同士でも耕地や水利をめぐる争いは起きた。

　裏山遺跡から関川《せきかわ》左岸を九キロほどさかのぼった谷には、三つの環濠集落で構成される斐太《ひだ》遺跡群（妙高《みょうこう》市）がある。新潟県内にはこれら関川左岸の丘陵地帯と、古津《ふるつ》八《はち》幡山《まんやま》遺跡（新潟市秋葉区）のような信濃川《しなのがわ》中下流の高地性集落、合わせて三十ほどの「戦いのムラ」が確認されている。関川沿いの集落は北陸や信州方面との、信濃川沿いの集落は東北地方南部の勢力との緊張があったことを物語るだろう。

東上空から見た裏山遺跡全景（上越市大字岩木字裏山。上越市教育委員会提供）。山頂を中心に高地性集落が立地しているのがよく分かる

　弥生後期後半は、『後漢書東夷伝《ごかんじょとういでん》』など中国の史書に「倭国大乱《わこくたいらん》」と書かれた、邪馬台《やまたい》国に卑弥呼《ひみこ》が擁立される前夜の動乱期。新潟県域でも戦いは続いていたのだ。

Q4

日本最北の前期古墳・城の山古墳の被葬者は？

新潟県域では、三世紀末から四世紀前半にかけて北陸の能登《のと》から来て会津《あいづ》盆地に抜けるルート上に前方後円墳《ぜんぽうこうえん》が出現する。稲葉塚《いなばづか》古墳（西蒲原《にしかんばら》郡弥彦《やひこ》村）、菖蒲塚《あやめづか》古墳（新潟市）などがそれで、在地首長は畿内に成立したヤマト王権との同盟（隷属《れいぞく》）の証として、畿内と同じ規格を持つ古墳を築くことを許されたようだ。

『古事記《こじき》』には「大毘古命《おおびこのみこと》は高志道《こしのみち》に遣《つかわ》し、其《そ》の子建沼河別命《たけぬなかわわけのみこと》は東の方の十二《とおあまりふたつ》の道に遣して、其のまつろはぬ人等《ひとども》を和《やわ》し平《たいら》げしめき。（略）爾《しか》くして東の方より遣さえし建沼河別と其の父大毘古とは、共に相津《あいづ》に往き遇ひき」とある。これは北陸と東海の二方面からヤマト勢力の手が東国に伸びたことを示唆するものだろう。

胎内《たいない》市の城《じょう》の山《やま》古墳は四世紀前半の築造と考えられる円墳《えんぷん》で、県内で三番目の大きさの古墳。平成二十四年（二〇一二）に行われた六次調査では古墳上部にある墓壙《ぼこう》内部を調べ、直径約九センチの銅鏡や、勾玉《まがたま》、管玉《くだたま》、大刀といった畿内の古墳から出土する副葬品と同じような組み合わせの副葬品が見つかり、城の山古墳の被葬者がヤマト王権と強いつながりを持った人物である可能性を高めた。

こうしたヤマトの直接的な影響が及んだ範囲は、それまで能登半島の国分尼塚《こくぶあまづか》一、二号墳（七尾市《ななお》）や雨の宮古墳群《あめのみや》（中能登町《なかのとまち》）が北限と考えられてきたから、それが北へ一気に二五〇キロほども北上したことになるという。

平成二十五年一月の胎内市教育委員会の発表では、副葬品の銅鏡は、一本角の竜が彫られた「盤龍鏡《ばんりゅうきょう》」というもので、中国大陸の後漢《ごかん》か魏晋《ぎしん》代（一世紀後半から三世紀中頃）につくられて日本に渡ったものと見られるという。中国の鏡を真似て日本でつくられた可能性もあるが、どちらにしてもヤマト王権からもたらされたであろうことは確実で、それだけの宝物をヤマトから下された人物が現在の胎内市あたりに存在していたのだ。国内最古の出土となる弓の金具「両頭金具《りょうとうかなぐ》」はネジ様の頭が両端についた小さな鉄製の棒を弓に貫通させたもので、これら埋葬者の権威をうかがわせる副葬品のうち計十九点は、古墳時代前期では国内最北の出土品という。

Q5

県域に相次いで設けられた渟足柵・磐舟柵とは？

『日本書紀《にほんしょき》』大化《たいか》二年（六四六）条は、不思議な現象を記して締めくくられている。

「是《こ》の歳《とし》に、越国《こしのくに》の鼠《ねずみ》、昼夜相連《あいつらな》りて、東《ひんがし》に向ひて移去《うつりゆ》く」

これを受けるようにして、翌大化三年条に、「渟足柵《ぬたりのき》を造り、柵戸《きのへ》を置く。老人等《おきなども》、相謂《あいかた》りて曰《いわ》く、『数年《あまたとせ》鼠の東に向きて行けるは、此《これ》、柵《き》を造る兆《きざし》か』といふ」とある。

さらに続いてその翌年の条の締めくくりには、

「磐舟柵《いわふねのき》を治めて蝦夷に備《そな》う。遂に越と信濃との民を選ひて、始めて柵戸を置く」

と記録されている。「大化の改新」という政治改革の断行中に――鼠の大量移動はともかくとして――二年続けて、蝦夷《えみし》攻略のための新たな城柵が置かれたことが分かる。

渟足柵は、新潟市の北東部付近にあったと推定される。阿賀野川《あがのがわ》河口周辺の新潟市東区王瀬《おうせ》、河渡《こうど》から松崎《まつさき》を経て聖籠町亀塚浜《せいろうまちかめづかはま》あたりを沼垂郷《ぬたりごう》といい、その上の行政単位を沼垂郡といった。このあたりは高志《こし》（越《こし》）から会津《あいづ》盆地へ向かう中継点だ。律令時代に設けられた越国や越後《えちご》国のさらに北に出羽《でわ》国がつくられたのは和銅《わどう》五年（七一二）だが、その後も渟足柵は「沼垂城」と名を変えつつ八世紀前半までは存続していた。

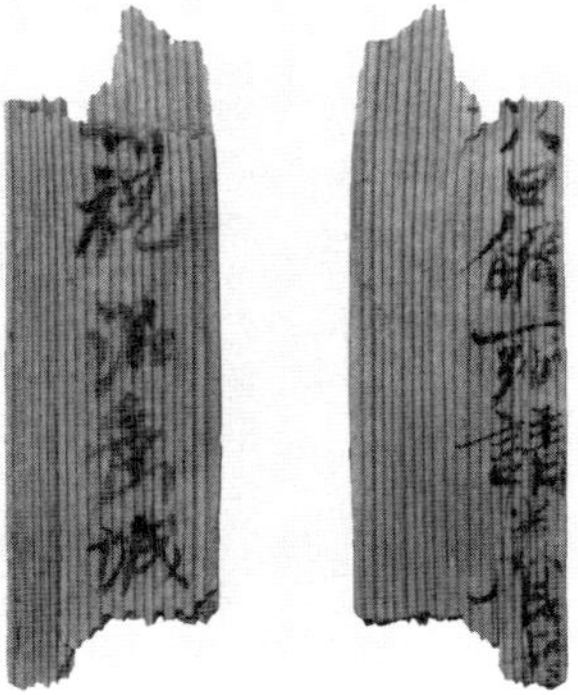

八幡林遺跡（長岡市島崎）出土の「沼垂城」と墨書された第２号木簡（長岡市立科学博物館提供）

磐舟柵は、村上市の荒川《あらかわ》河口付近にあったと推定されている。「柵戸」というのは一種の屯《とん》田《でん》兵のことで、「越と信濃との民を選ひて」とあるように志願ではなく強制的に行われた移民、植民のことで、彼らが蝦夷の地を攻略してゆくさいの尖兵となった。

二年続けて相次いでこれらの柵がつくられたのは、沼垂郡の支配が固まったのを確認したうえで、さらに北に向かう拠点づくりを急いだヤマト王権（朝廷）の積極策なのかもしれない。

Q6

県域が「越国（高志国）」と呼ばれていたのはなぜ？

銘酒やコメの銘柄につけられた名前から、現代人が抱く漠然とした感覚として、「越《こし》」という字には――越前《えちぜん》福井や越中《えっちゅう》富山以上に――新潟県のかたちが投影している。

すでに古墳が築かれていた時代から、新潟県域には、コシの名がついていた。ただそれは、福井県敦賀市あたりから北の日本海沿岸地域全般を指す。『日本書紀《にほんしょき》』崇峻《すしゅん》天皇二年（五八九）七月朔《ついたち》条には「阿倍臣《あべのおみ》を北陸道《くぬがのみち》の使に遣《つかわ》して越等《こしら》の諸国《くにぐに》の境《さかい》を観《み》しむ」という記事がある。この「境」は蒲原《かんばら》地方か沼垂《ぬたり》地方あたりと考えられる。

そこまでは六世紀後半のヤマト王権が地方豪族を傘下に収めつつあった。『先代旧《せんだいく》事本紀《じほんぎ》』の「国造本紀《こくぞうほんぎ》」によればコシ地方に置かれた国造は……畿内から近い順に……若狭《わかさ》国造が、十世紀以降の「若狭国」の領域にいて、鹿角《つぬが》国造と三国《みくに》国造が十世紀以降の「越前国」の領域にいた。江沼《えぬ》国造、加宜《かが》国造、加我《かが》国造が十世紀以降の「加賀《かが》国」に、羽咋《はくい》国造と能登《のと》国造が「能登《のと》国」の領域で、伊弥頭《いみづ》国造が「越中国」に。そして久比岐《くびき》国造、高志《こし》国造、高志深江《ふかえ》国造が「越後《えちご》国」、佐渡《さど》国造が「佐渡国」に置かれている(このうち高志国造をコシ地方全体を統括する総国造と見る説もある)。

だが『釈日本紀《しゃくにほんぎ》』が引く『越後国風土記《ふどき》』逸文には、「美麻紀《みまき》の天皇(崇神天皇)の御世に越の国に人があった。八掬脛《やつかはぎ》と名づけ(その脛の長さは八掬〈八つ握り分〉あって力が多くて大変強い。これは土雲《つちぐも》の後裔である)、その属類が非常に多い」とある。『古事記《こじき》』や『出雲《いずも》国風土記』が神話として伝えるコシと出雲の交流は出土する土器によっても裏づけられ、弥生時代後期の内越《うちこし》遺跡(柏崎市)などからは北海道で発達した続縄文土器が出土する。コシ西部の古墳からは朝鮮半島からもたらされたと見られる垂飾つき耳飾りや金銅製の帯金具が出土。『日本書紀』の記述からは六世紀から七世紀、沿海州に住んでいたと考えられる粛慎《みしはせ》が日本海側に出没し、高句麗《こうくり》の使者もたびたび渡来したことが分かる。コシはそういう環日本海圏に位置し、畿内から見れば異質な国に映ったのだ。のちに「越」の字があてられる背景には、「こちら側ではない」「何かを越えた」「向こう」の国のイメージが、北陸一帯に持たれたからに違いない。

Q7

「佐渡国」はいつできた？

佐渡国《さどのくに》の正史における初見は『続日本紀《しょくにほんぎ》』の文武《もんむ》天皇四年（七〇〇）で、この年の二月に、朝廷が越後《えちご》と佐渡の二国に磐舟柵《いわふねのき》を修理するよう命じた、という記事だ。越後国の成立時期は天武《てんむ》天皇十二年（六八三）から持統《じとう》天皇六年（六九二）の間と考えられ、佐渡国の成立も同様に七世紀後半と考えられる。

そのころまでにヤマト王権は佐渡を中央支配のもとに組み入れ、律令体制下の国として把握し始めたのだ。天武・持統期に編纂《へんさん》作業が開始された各地方の『風土記《ふどき》』と、その結果、八世紀初めにまとめられた『古事記《こじき》』『日本書紀《にほんしょき》』において、「佐度洲《さどのしま》」が大八洲《おおやしま》の一つとして国生み神話に登場するのは、そうした事情によるのだろう。

欽明《きんめい》天皇五年（五四四）には佐渡島に粛慎《みしはせ》が現われていたし、唐《とう》・新羅《しらぎ》との緊張関係のなかで成立した「日本」という国家（律令政府）にとって、日本海沿岸は防備の要だった。この時代においては、異国とつながる海はあくまでも日本海側であり、そんな海に浮かぶのが佐渡島なのだ。八世紀に入ってからは渤海使《ぼっかいし》が何度も日本海沿岸に来着し、天平勝宝《てんぴょうしょうほう》四年（七五二）には佐渡島にやってきている。

天平十五年（七四三）二月、佐渡国は一度、越後国に併合されたが、渤海使が来着した直後の天平勝宝四年十一月、ふたたび独立した。海を隔てた越後国の管轄下に佐渡を置くことの不安が、中央直轄に戻させた措置だろう。

反面、絶海の孤島である佐渡は、重罪人を流すには好都合でもあった。律令時代の配流《はいる》には、「遠流《おんる》」「中流《ちゅうる》」「近流《ごんる》」の別があり、神亀《じんき》元年（七二四）三月、伊豆《いず》国、安房《あわ》国、常陸《ひたち》国、佐渡国、隠岐《おき》国、土佐《とさ》国の六か国が遠流の国に指定されている。すでにその二年前の養老《ようろう》六年（七二二）に元正《げんしょう》天皇の乗った輿《こし》を指さして斬刑となるところを死一等を減じられた穂積朝臣老《ほづみのあそんおゆ》が佐渡に配流となっていた。

昭和四十七年（一九七二）から行われた佐渡国分寺址（佐渡市真野《まの》町国分寺）の整備事業で、笏《しゃく》を持つ官人像と「三国真人《みくにのまひと》」の文字がヘラ描きされた瓦が出土した。延暦《えんりゃく》四年（七八五）十一月に佐渡配流になった能登守《のとのかみ》三国真人広見《ひろみ》のことと見られている。

Q8

「越国」はなぜ〝越前〟〝越中〟〝越後〟に分割された？

『日本書紀《にほんしょき》』持統《じとう》天皇六年(六九二)九月条に、「越前国司《こしのみちのくちのくにのみこともち》、白蛾《しろきひひる》を献《たてまつ》る」とある。これが「越前国」という表記の初見で、この頃までにかつての越国《こし》は「越前国《えちぜん》」「越中国《えっちゅう》」「越後国《えちご》」に三分割されていた。都に近い順に、「前」「中」「後」。『日本書紀』天武《てんむ》天皇十二年(六八三)十二月条に、「諸国《くにぐに》の境界《さかい》を限分《さか》ふ。然《しか》るに、是《こ》の年に限分ふに堪《あた》へず」とあり、翌天武天皇十三年十月条にも「諸国の堺《さかい》を定めしむ」とあるので、このときに分けられたとも考えられる。もっと慎重にいうなら、六八三年に始められた国境確定作業によって、六九二年までに越国は三分割されたのだ。

成立当初、越前国は現在の福井県北半部と石川県で、越中国は富山県と阿賀野川《あがのがわ》流域以南の新潟県の地域。そして阿賀野川以北が越後国だった。この越後国は、沼垂《ぬたり》郡と磐舟《いわふね》郡、そしてその北方の今の山形県と秋田県方面で、そこには蝦夷《えみし》と呼ばれる人びとが暮らしていて、まだ畿内の朝廷の支配下には、当然、入っていない。つまり、越後国というのは、「これから手に入れるべき領土」を〝込み〟で策定された国、換言すれば、北境が曖昧模糊、漠然とした国として出発したのだ。

天武天皇十一年(六八二)、越国の蝦夷伊高岐那《いこきな》らの申請によって俘囚《ふしゅう》(ヤマト側に服属した蝦夷)ら七十戸で一つの評《こおり》が新設された。場所は分からないが、このことは阿賀野川以北の国設置が可能だと中央政府に考えさせるだけの条件がそろいつつあったともいえる。発足当初の越後国には、沼垂郡と磐舟郡の二郡だけがあった。大宝《たいほう》二年(七〇二)三月、越中国から頸城《くびき》郡、古志《こし》郡、魚沼《うおぬま》郡、蒲原《かんばら》郡の四郡が移管され、越後国は六郡構成となった。対蝦夷政策を担わされた越後国の国力を補強、充実する狙いがあったと思われる。このあたりに越国を三分割した理由が透けて見える。越国では、対蝦夷政策を進めるにあたって広過ぎたため、役割分担をさせたのだ。

慶雲《けいうん》二年(七〇五)十一月に、威奈真人大村《いなのまひとおおむら》という人が越後城司に任命されている。この大村の墓誌は越後国を「北疆《ほっきょう》にして蝦虜《かりょ》と衝接す」と書く。『続日本紀《しょくにほんぎ》』には慶雲三年閏《うるう》正月に大村が「越後守」に任命された記事があり、「越後城司」と「越後守」

は同職と見ていいだろう。八世紀初頭において、越後国は蝦夷政策の最前線だったのだ。ともかく越中からの四郡補強措置によって越後国の南限が頸城郡に確定した。現在の新潟県と同じになったのだ。

最前線であるだけに、蝦夷攻略策の進展とともにそのラインは前進する。和銅《わどう》元年（七〇八）九月、越後国からの申請で、最上川下流の庄内平野を中心にした地域に出羽郡《いではぐん》が新設された。これで越後国は全七郡となる。出羽柵《き》がこの新設出羽郡開拓の拠点となった。翌和銅二年、律令政府は日本海側と太平洋側の双方から蝦夷支配地に攻め上る軍事行動を発動しているから、出羽郡設置はその下準備だったともとれる。

軍事行動にさいして、朝廷は諸国に命じて兵器を出羽柵に入れ、越前、越中、越後、佐渡から船百艘を征狄所《せいてきしょ》に送らせている。越後国の人びとは従軍もさせられた。

和銅五年九月には、出羽郡を拠点に出羽《でわ》国が建てられた。このことで越後国は六郡に戻り、日本海側の最北の国ではなくなった。最前線から、間接的に前線の出羽国を支援する国に回ったのだ。同年、陸奥《むつ》国から最上《もがみ》、置賜《おきたま》の二郡を分割して出羽国に所属させ、出羽国を強化している。ただ、以後も越後国の人びとは平安時代初期まで、たびたび柵戸《きのへ》として城柵に送り込まれたり、兵器や兵糧の運搬や供出を命じられている。

後方支援国になったとはいえ、越後国は蝦夷政策の拠点であり続けたのだ。

——出羽国の分立によって越後国の北限も確定。越後国はその後、天平《てんぴょう》十五年(七四三)から天平勝宝《しょうほう》四年(七五二)の九年にわたって一時的に佐渡国を併合していたこともあったが、九世紀には古志郡から三嶋《さんとう》郡が分立し、七郡となった。

『倭名類聚鈔《わみょうるいじゅしょう》』によれば、越後国の国府は頸城郡にあったとされる。「越後城司」「越後守」の威奈真人大村は慶雲《けいうん》四年(七〇七)四月、「越城(越後城)」で死んだ。……ということは越城が国衙《こくが》だったと考えられるが、その位置は不明で、渟足《ぬたり》柵の後身である沼垂《ぬたり》城の別名ともいわれている。成立当初は沼垂城に比定される越後城が国府として機能したが、出羽国が越後国から分離独立し対蝦夷政策の最前線が出羽国に移ったことで、頸城郡に国府が移されたのかもしれない。ただ、頸城郡に移ってからの越後国府の所在地も諸説あって不明だ。

Q9 越後にはなぜ、「一宮」が複数あるのか？

古くから越後国《えちごのくに》一宮として広く信仰を集めたのは、西蒲原《にしかんばら》郡弥彦《やひこ》村の弥彦神社だ。祭神は、天照大神《あまてらすおおみかみ》の曾孫とされる天香山命《あまのかごやまのみこと》。神武天皇の命を受け、日本海を渡ってきて「米水浦《よなみずがうら》」（野積《のずみ》浜＝長岡市寺泊《てらどまり》野積）に上陸し、人びとに製塩や手繰網漁法、農業技術を教えたといわれる人で、神武《じんむ》東征を助けた武神でもある。弥彦山の山頂には、この天香山命と妃神《めのかみ》熟穂屋姫《うましほやひめ》命を祀った奥宮がある。

「伊夜彦《いやひこ》　おのれ神《かむ》さび青雲の　たなびく日すら小雨そぼ降る」（『万葉集《まんようしゅう》』）

越後の……いや、佐渡《さど》をも含めた越佐《えっさ》の人びとにとって、弥彦山は伊夜比古神《いやひこのかみ》そのものの姿だった。山は日本海の沿岸を航海する人びとにとって絶好の標識であり、航海の安全を祈る対象だったことによる。海運は、現代人の想像以上に広域的流通を可能にしていた。たとえば能登《のと》地方には、海神伊夜比咩神《いやひめのかみ》の祭日に越後から伊夜比古神が訪れる神婚《しんこん》伝承があり、大国主命《おおくにぬしのかみ》が出雲《いずも》国から越後国の沼河比売《ぬなかわひめ》に妻問《つまど》いに来るという神話もあり、日本海沿岸のつながりを物語る。

この、オオクニヌシとヌナカワヒメ(奴奈川姫)を祀るのが、上越市の居多《こた》神社だ(他に祭神は建御名方《たけみなかた》命と事代主《ことしろぬし》命)。「居多」は、能登や越中《えっちゅう》の気多《けた》神社と同じく「ケタ」と読んだようだが、いつしか「コタ」に転訛したようだ。居多神社も古社で、弥彦神社とともに貞観《じょうがん》三年(八六一)に従四位下に列している。居多神社は越後国府近くに鎮座し歴代の国司に崇敬され、「一宮」を称するようになった。中世には守護上杉《しゅごうえすぎ》氏の保護もあり、天文《てんぶん》十一年(一五四二)の守護上杉定実《さだざね》の起請《きしょう》文《もん》にも「当国一宮居多大明神」と記されている。両社が一宮だったのだ。糸魚川《いといがわ》市の※天津《あまつ》神社も越後国一宮を称する社だ。

居多神社(上越市五智。公益社団法人上越観光コンベンション協会提供)。もとは居多浜村岩戸浦山の中腹に鎮座したが、明治12年(1879)に現在地に遷座した

※景行朝の創建で、孝徳天皇の勅願所と伝え、『延喜式神名帳』記載の「越後国頸城郡大神社」に比定されている。天津彦々火瓊々杵尊(あまつひこひこほににぎのみこと)・天児屋根命(あめのこやねのみこと)・太玉(ふとだまの)命を祀る。

Q10

反平氏挙兵に対抗して起用された城資永とは？

治承《じしょう》四年（一一八〇）五月、源氏の反平氏挙兵が各地で起こったが、すぐさま京から平氏の追討軍が各地に差し向けられる。都からの平氏直属軍だけではなく現地の武士勢力も、平氏の要請によってその任にあたった。北陸に出たのは木曾義仲《きそよしなか》だった。越後をうかがう木曾義仲の矢面に立たされたのが、越後《えちご》平氏棟梁の城太郎資永《じょうのたろうすけなが》。越後を守り、信濃《しなの》と甲斐《かい》の反平氏勢力（武田信義《たけだのぶよし》）を攻めるよう平氏から要請された。

城資永の城氏というのは、鎮守府将軍に任じられた桓武平氏の平維茂《たいらのこれもち》の子繁成《しげなり》が出《で》羽城介《わのじょうすけ》になったことで「城」の氏で呼ばれるようになった。出羽からいつ越後に勢力を伸張したのか――維茂か繁成の時代と思われるが――それは分からない。維茂の曾孫永基《ながもと》は陸奥《むつ》国に接する下越《かえつ》地方を支配し、中央で鳥羽《とば》院政が行われていたころ、開発した下越の荘園を中央に寄進することで力を蓄えていった。

だが城資永は急死し、弟の「白川御館《しらかわのみたち》」城四郎資職《しろうすけもと》が越後平氏の棟梁に推戴された。越後武士団を率いて資職は信濃国に攻め入るが、同年六月中旬、千曲川《ちくまがわ》の横田河原《よこたがわら》で木曾義仲軍と干戈《かんか》を交え惨敗。万余の軍勢のうちわずかに三千人余のみ越後に帰還した。帰ったはいいが、資職軍は越後国府の勢力に攻め立てられ、会津《あいづ》（福島県）に逃亡。そうしたところへ平泉《ひらいずみ》（岩手県）の藤原秀衡《ふじわらのひでひら》が会津へ兵を出したため、資職はまた下越に逃れている。資職は養和《ようわ》元年（一一八一）八月、平氏によって越後守《かみ》に任じられた。

これは源氏追討を正当化するための措置で、同時に平泉の藤原秀衡も陸奥守となっている。それまでは中央貴族が任じられる国守の座を現地武士に与えることまでして要所に配し、鎌倉の源頼朝《みなもとのよりとも》をはじめとする源氏勢力を封じ込めようとしたのだ。

寿永《じゅえい》元年（一一八二）、妙見大菩薩《みょうけんだいぼさつ》を祀って源氏滅亡を祈願した資職だが、翌寿永二年には木曾義仲が平家軍を北陸道に蹴散らして、都入りする。その直前に平氏は都落ち。その時点で資職の越後守の地位も自然消滅した。

ただ、資職には敗者なりのしぶとさがあった。やがて〝囚人〟として梶原景時《かじわらかげとき》に預けられた資職は、城長茂《ながもち》と改名。その後、頼朝麾下《きか》で奥州攻めに参加することになる。

もっと知りたい歴史こばなし ①

越後城司・威奈真人大村とは？

『続日本紀《しょくにほんぎ》』によれば、慶雲《けいうん》３年（706）閏《うるう》正月５日に威奈真人大村《いなのまひとおおむら》という人物が「越後守《えちごのかみ》」となった記事がある。しかし、実際には前年の11月16日、「越後城司《じょうし》」に任命されていた。越後城司の任務は蝦夷《えみし》の「柔懐鎮撫《じゅうかいちんぶ》」にあり、民政にも携わっていた。任期途中の慶雲４年４月24日、大村は越城《こし》で、享年46で病死したことまで分かっている。というのも、江戸時代の天明《てんめい》年間（1781～89）に、偶然にも奈良県※香芝《かしば》町で大村の骨蔵器《こつぞうき》が発見されたのだ。骨蔵器の蓋の外側には、陰刻された329文字の墓誌が刻まれていたのである。

越後に赴任した１役人の経歴が分かるのは稀有のこと。墓誌によれば、大村は宣化《せんか》天皇３世の孫。威奈公鏡《いなのきみかがみ》の第３子で、品行方正で穏やかな人だった。持統《じとう》朝の初めに務広肆《むこうし》の官職に就き、文武朝では少納言となり、勤広肆《ごんこうし》に昇進。大宝《たいほう》元年（701）に従五位下《じゅごいのげ》に叙され、侍従《じじゅう》を兼ねた。同４年正月に従五位上に叙せられ、越後赴任前には左少弁《さしょうべん》となった。死の直前の２月には、正五位に昇進。死後、大倭《やまと》国葛木下郡《かつらぎのしものこおり》山君里《やまのきみのさと》狛《こま》井《い》山崗《やまのおか》に葬られた。

※発見地の香芝町が後述の埋葬地「狛井山崗」に当たる。

第2章

新潟県の鎌倉・室町時代

平林（ひらばやし）城殿岩館土塁跡（村上市平林）。室町時代から慶長3年（1598）まで阿賀北（揚北）地方（阿賀野川北岸地域）の 有力国人領主・色部（いろべ）氏の居城跡。麓の居館跡（殿屋敷・岩館）と背後の要害山（加護山）にある山城からなり、59.9ヘクタールに及ぶ広大な中世山城だった。国指定史跡。

第2章

時代をよむ

南朝勢力の衰退から守護上杉氏・守護代長尾氏の対立の時代へ

越後《えちご》の中世は、平安時代以来の名族城《じょう》氏の反乱で幕を開けた。平氏滅亡後、幕府の御家人《ごけにん》となった城長茂《ながもち》は、正治《しょうじ》三年（一二〇一）一月、突如京の院御所《いんのごしょ》に乱入して幕府追討の宣旨《せんじ》を求めて失敗し、幕府の追討を受けて討死する。越後ではそれに呼応して甥の城資盛《すけもり》が鳥坂城《とっさか》（胎内市《たいない》）で挙兵して幕府軍を苦しめたが、敗れて城氏は滅亡し、越後は関東御分国《ごぶんこく》として幕府の直接管理下に置かれた。

平安以来、京の罪人や政治犯の流刑地として知られた佐渡《さど》は、鎌倉・室町時代を通して、大物政治家や著名な宗教家が多数流された。承久《じょうきゅう》の乱で後鳥羽《ごとば》上皇に加担した順徳《じゅんとく》上皇、国政改革を唱えて弾圧された日蓮《にちれん》、専修念仏を唱えて排斥された法然《ほうねん》の弟子行空《ぎょうくう》、伏見《ふしみ》上皇の側近で名高い歌人でもあった京極為兼《きょうごくためかね》、後醍醐《ごだいご》天皇の側近で正中《しょうちゅう》の変で捕らえられた日野資朝《ひのすけとも》、能の大成者として知られる世阿弥《ぜあみ》などがおり、鎌倉初期の越後には承元《じょうげん》の法難で師の法然に連座して流された親鸞《しんらん》もいた。その顔触れは、あたかも鎌倉・南北朝時代における政治史の縮図の観さえあった。

鎌倉幕府が滅び建武《けんむ》の新政が始まると、後醍醐は新田義貞《にったよしさだ》を越後守護《しゅご》に任じたため、越後は南朝の拠点の一つとなった。後醍醐の皇子宗良《むねよし》親王も一時、寺泊《てらどまり》(長岡市)から栗ケ岳《くりがたけ》山麓(加茂《かも》市)の諸城に入り、雪深い越後で数年を過ごし、多くの和歌を残した。

やがて、越後守護上杉氏、守護代長尾《だいながお》氏らの活動により南朝勢力は衰退し、越後では在京が多い守護上杉氏に代わって長尾氏が台頭していく。十五世紀半ばの守護代長尾邦景《くにかげ》は、応永《おうえい》三十年(一四二三)から三年にわたって繰り広げられた応永の大乱で守護・国人《こくじん》連合を破り、六十年以上もの長きの間、越後に君臨した。

そうした状況の中、守護上杉房定《ふささだ》は守護在京の方針を捨てて越後に下向し、邦景を粛清して越後を直接支配下におく。以後、越後は四十年におよぶ平和の時代に入り、中央の戦乱をさけるように多くの文化人が越後を訪れた。しかし、その平和もつかの間、上杉氏による守護権力の強化と長尾氏の勢力伸長によって両者の対立は再燃し、越後は波乱の戦国時代へ突入していくのである。

Q11

越後の名門城氏はなぜ滅亡したのか?

文治《ぶんじ》五年(一一八九)、源頼朝《みなもとのよりとも》によって奥州藤原氏が倒され、十年にわたる内乱が終わった。頼朝は自らがもたらした平和の到来を「天下落居《らっきょ》」(国内が落ち着いた)と呼んで喧伝《けんでん》したが、越後《えちご》の地ではなお争乱の火種がくすぶっていた。

寿永《じゅえい》二年(一一八三)七月の平氏の都落ち後、北陸最大の親平氏勢力であった城長茂《じょうながもち》は越後守を罷免され、幕府に捕らえられて梶原景時《かじわらかげとき》に預けられた。景時は長茂の武勇を高く評価し、文治五年の奥州合戦の時、頼朝に「長茂は無双の勇士であり、囚人といえども従軍させないのはもったいない」と長茂の参戦を願い出た。長茂は「わが旗を見たら、逃亡した郎党《ろうとう》たちが集まってくるだろう」と豪語したが、幕府軍が下野《しもつけ》(栃木県)の新渡戸駅《にとべのうまや》に達した頃、はたして城軍は二百人余りにふくれあがっていたので、頼朝は非常に上機嫌であったという。この合戦の功により長茂は御家人《ごけにん》に列せられ、古くからの城氏の拠点であった奥山荘《おくやまのしょう》（胎内市《たいないし》）の地頭《じとう》に任じられたといわれる。

しかし、梶原景時の没落が長茂の運命を変える。建久《けんきゅう》十年（一一九九）正月に頼朝が死ぬと、後ろ盾を失った景時は同年末、御家人たちに弾劾されて鎌倉を追われ、上洛の途上、駿河《するが》（静岡県）で討ち取られた。長茂は幕府における最大の庇護者を失ったのである。

城資盛が拠った鳥坂城の航空写真（胎内市羽黒。胎内市教育委員会提供）

一年後の正治《しょうじ》三年（一二〇一）一月二十三日、長茂は突如軍兵を率いて鎌倉から上洛、幕府の有力御家人小山朝政《おやまともまさ》の邸宅を襲撃し、院御所《いんのごしょ》に参入して幕府追討の宣旨《せんじ》を要求した。しかし、後鳥羽《ごとば》上皇の勅許《ちょっきょ》は下りず、御所を退いた長茂は吉野《よしの》（奈良県）に逃れ、二月二十二日、郎党の新津四郎《にいつしろう》とともに討ち取られた。一週間後には、長茂の甥にあたる城資家《すけいえ》・資正《すけまさ》兄弟、本吉冠者《もとよしのかじゃ》高衡《たかひら》（藤原秀衡《ひでひら》の四男）も討ち取られた。

長茂の挙兵は、梶原景時の死と無関係ではなかっただろう。『吾妻鏡《あずまかがみ》』によると、景時は甲斐《かい》源氏の武田有義《たけだありよし》を将軍に立て、朝廷から討幕の勅許を得て鎮西《ちんぜい》の武士と結び、幕府を倒そうと企てたという。長茂は恩人である景時の遺志を継ぐべく、院御所乱入という暴挙を犯したのかもしれない。

しかし、長茂の蜂起は衝動的なものではなかった。長茂と相呼応して、城氏の本拠地である越後においても長茂の甥城資盛《すけもり》とその叔母にあたる坂額《はんがく》御前が鳥坂《とっさか》城(胎内市)に拠って幕府に反旗を翻したのである。正治三年一月下旬のことといわれる。

鳥坂城は櫛形《くしがた》山脈の北端に近い白鳥《しろとり》山山頂に築かれた山城で、白鳥山の東に鳥坂山が続き、北と西は断崖絶壁で囲まれた要害である。越後・佐渡《さど》両国の御家人は反乱を鎮圧すべく城氏に戦いを挑んだが、強固な城軍の陣を破ることはできなかった。

城資盛の謀反が鎌倉に報じられたのは四月二日であった。翌日、北条時政《ほうじょうときまさ》、大江広《おおえのひろ》元《もと》ら宿老が参会して対策を練り、上野国礒部《いそべ》郷(群馬県安中《あんなか》市)にいる有力御家人の佐々木盛綱《ささきもりつな》に追討を命じることとなった。五日、鎌倉の御教書《みぎょうしょ》を受けた盛綱は、三日で城氏の勢力圏の入口にあたる鳥坂口に着陣し、越後・佐渡・信濃《しなの》から駆け付けた御家人を組織して鳥坂城への攻撃を開始した。幕府軍は盛綱の子息盛季《もりすえ》と、信濃の御家人海野幸氏《うんのゆきうじ》が先陣を争いながら鳥坂城へ続く山道を駈け上がったが、城兵は矢石を雨あられと注いできたため幕府軍は苦戦し、死傷者が続出した。

なかでも幕府軍を苦しめたのが、美貌の女武者坂額であった。盛綱は鎌倉への報告で「坂額は女性の身でありながら、その射る矢は百発百中で、その射芸はほとんど父兄を凌駕している。人びとはみな奇特なことと感嘆した」と述べている。

この日の坂額は、戦いやすいように童のごとく髪を頭上で束ね、腹巻を付け、櫓の上に立って襲い来る敵に向けて矢を放ったが、彼女の矢に当たる者は必ず死に、盛綱の郎党も数多く射殺されたという。しかし、信濃の武者である藤沢清親《ふじさわきよちか》が背後の山に上り、高所からねらいを定めて矢を放ったところ、矢は坂額の左右の股《もも》を射とおし、倒れたところを清親の郎党たちが矢倉に上って彼女を生け捕った。

やがて城軍は総崩れとなり、鳥坂城は落城。城資盛はどこへともなく姿をくらました。十一世紀半ば、平繁成《たいらのしげなり》(余五《よご》将軍維茂《これもち》の子)が狐の手から得たといわれる伝来の宝刀も失われ、越後の名族城氏は歴史の表舞台から姿を消したのである。

Q12 鎌倉武士の妻となった美貌の女武者・坂額御前とは？

鳥坂城《とっさか》（胎内市《たいない》）の戦いで百発百中の射芸を見せて鎌倉武士を感嘆させた坂額御前《はんがくごぜん》は、木曾義仲《きそよしなか》の愛妾巴《ともえ》御前と並ぶ中世初期の女傑として名高い。坂額とは珍しい名前だが、実際は「飯角《いいずみの》御前」と呼ばれていたのを、音で聞いた『吾妻鏡《あずまかがみ》』の編者が「坂額」の文字をあてたと考えられている。飯角とは鳥坂山西麓の集落の名で現在の胎内市飯角にあたり、ここに坂額の母または乳母《めのと》の家があったといわれる。

坂額が藤沢清親《ふじさわきよちか》に連れられて鎌倉に入ったのは、合戦から一か月半ほどのちの建仁《けんにん》元年（一二〇一）六月二十八日のことであった。将軍源頼家《みなもとのよりいえ》が御所に召すよう命じたため、御家人たちは彼女を一目見ようと幕府に群集し、市をなすほどの騒ぎになった。坂額は畠山重忠《はたけやましげただ》、和田義盛《わだよしもり》ら宿老たちが居並ぶ座の中央を通って将軍の廉下に進んだが、いささかもへつらう様子は見られず、頼家の問いに応える態度は堂々としており、豪勇の士に比べて少しも引けを取らなかったと『吾妻鏡』は記している。

だが、それ以上に男たちの目をくぎ付けにしたのは彼女の美貌であった。同書によると、坂額の容姿は「陵園《りょうえん》の妾《しょう》」のようであったという。白楽天《はくらくてん》の「陵園の妾　顔色花の如く、命葉の如し」(帝の御陵に奉仕する女官の顔は花のように美しいが、運命は葉のように薄い)という詩を引いて、捕らわれの坂額の美しさを讃えたのである。

なかでも、坂額の豪勇ぶりと美貌に引かれ、自身の後妻に迎えたいと申し出たのが、弓の名手として知られる浅利《あさり》(阿佐利)与一義遠《よいちよしとお》であった。義遠は「彼女と夫婦になってたくましい男子を生み、武家と朝廷の守りにしたい」と頼家に告げた。時に義遠、五十三歳。坂額は三十歳を下らなかったと推測されている。処刑覚悟で鎌倉にやってきた坂額が、その申し出を喜んだか、屈辱感をもって受け止めたのかは分からない。

頼家は「彼女は美しいが心は猛々しく、愛情を抱く者は誰もいないだろう。義遠の考えは普通とは違う」と笑い、二人の結婚を許したといわれる。その後、坂額は義遠の故郷である甲斐《かい》(山梨県)に下向した。伝承によると義遠と坂額の間には娘が生まれ、甲斐源氏武田信光《たけだのぶみつ》の六男石橋八郎信継《いしばしはちろうのぶつぐ》に嫁いだといわれるが、実否は不明である。

Q13 流罪となった親鸞を支えた妻恵信尼とは？

上越市は親鸞《しんらん》ゆかりの地として知られる。親鸞の上陸地である居多《こた》ヶ《が》浜《はま》には「念仏発祥の地」の記念碑が建てられており、付近の五智国分寺《ごちこくぶんじ》境内には親鸞が住んだ竹之内《たけのうち》草庵跡がある。また、越後一宮《えちごいちのみや》である居多《こた》神社には、親鸞が和歌を詠んだところ、境内の葦の葉が一夜にしてすべて片方だけになったという「片葉の葦《かたはのあし》」の伝説がある。

親鸞と越後を結びつけたのは「承元の法難《じょうげんのほうなん》」である。承元元年（一二〇七）、親鸞は朝廷の専修《せんじゅ》念仏弾圧策によって讃岐《さぬき》（香川県）に流罪となった師の法然《ほうねん》に連座して、越後の国府（上越市）に流された。これを機に「僧にあらず、俗にあらず、この故に禿《とく》の字をもって姓となす」として「愚禿《ぐとく》親鸞」を称し、以後七年間を越後で過ごした。

この間、ともに越後にあって親鸞の生活を支えたのが妻の恵信尼《えしんに》であった。表向き僧侶の妻帯が禁じられていた当時、親鸞が公然と妻帯に踏み切ったのは次のような経緯による。建仁《けんにん》元年（一二〇一）、親鸞が京の六角《ろっかく》堂に参籠していたときのこと。突如、親鸞の前に救世《くせ》観音が出現し、前世からの因縁で結婚することになったら、観音自身が美しい女性となって親鸞と結婚し、臨終には極楽浄土へ導くことを約束したという。

二人の結婚の時期は不明だが、恵信尼が親鸞より先に法然に仕え、その縁で配流の前後の時期に親鸞と結ばれたともいわれている。恵信尼の父は越後の豪族（京の下級貴族とも）三善為教《みよしためのり》で、恵信尼がもっていた越後の所領が二人の生活を支えた。

親鸞は建暦《けんりゃく》元年（一二一一）に赦免された後も越後にとどまり、建保《けんぽう》二年（一二一四）、恵信尼とともに関東へ移住した。そして、関東在住二十年ののち親鸞は帰京し、恵信尼は夫の世話を末娘の覚信《かくしん》に託して越後に帰ったといわれる。

恵信尼は頸城郡の「とひたのまき」に住み、孫を引き取って育てながら所領経営にいそしんだ。京の覚信に宛てた手紙によると、飢饉《ききん》で下人《げにん》が逃亡したり、京に赴くよう下人に命じてもいうことを聞かなかったりして、何かと気苦労が絶えなかった。恵信尼の住んだ「とひた」の場所は定かではないが、恵信尼の廟所がある上越市板倉《いたくら》区米増《よねます》、あるいは同長塚《ながつか》付近が有力とされる。

Q14 承久の乱で佐渡に流された順徳上皇の壮絶な最期とは？

承久《じょうきゅう》三年（一二二一）、後鳥羽《ごとば》上皇が討幕を図った承久の乱は、幕府の的確な対応と東国武士の団結によって京方の敗北に終わった。乱の結果、仲恭《ちゅうきょう》天皇は廃位となり、後鳥羽、土御門《つちみかど》、順徳《じゅんとく》の三上皇が配流された。三人の上皇が武士の手で配流させられたのは前代未聞の事態であり、武士の世の到来を世人に強く印象づけることとなった。

乱に反対していた兄土御門と異なり、順徳は当初から積極的に討幕計画に身を投じ、乱の直前には皇位を皇子の仲恭に譲って鎌倉との決戦に備えた。優れた歌論書や歌集、有職故実《ゆうそくこじつ》書を残した学者肌の天皇だったが、その背後には宮廷文化の興隆を図ることで、鎌倉に対する文化的優位を誇示しようとする野心があったともいわれる。

順徳が佐渡《さど》配流の宣告を受けたのは、幕府が承久の乱に勝利し、京を制圧して約一か月後の承久三年七月二十日であった。その翌日、順徳はわずかな供をつれて出立し、寺泊《てらどまり》(長岡市)から佐渡の松ケ崎《まつがさき》に渡り、波多《はた》郷の国府(いずれも佐渡市)を経て配所に入った。上皇の佐渡における配所生活は伝えられていないが、配所が泉《いずみ》(佐渡市泉)にあったことが、二百年後に同じく佐渡に配流された世阿弥《ぜあみ》の『金島書《きんとうしょ》』によって知られる。

承久の変で配流された順徳上皇の仮宮が置かれた黒木御所跡(佐渡市泉。佐渡観光協会提供)。上皇は国分寺からこの地に移り、22年間を過ごしたとされる

その順徳に、赦免のチャンスが訪れたのは仁治《にんじ》三年(一二四二)一月であった。十二歳の四条《しじょう》天皇が急逝したため、摂政九条道家《せっしょうくじょうみちいえ》が関東申次《もうしつぎ》の西園寺公経《さいおんじきんつね》と図って順徳の皇子忠成《ただなり》王を擁立しようとしたのである。しかし、この案は幕府に却下され、土御門の皇子邦仁《くにひと》親王が即位して後嵯峨《ごさが》天皇となる。帰京の夢を絶たれた順徳は、九月九日を臨終の日と定めて食を絶ったがかなわず、その三日後、焼き石を腫れものの上に押し当てて自ら命を絶ったという。享年四十六であった。

Q15

佐渡はなぜ日蓮宗の聖地になったのか？

日蓮《にちれん》が「悪口《あっこう》の咎《とが》」により佐渡《さど》に流されたのは、文永《ぶんえい》八年（一二七一）十月のことであった。蒙古《もうこ》の使者が頻繁に日本を訪れ、世情騒然とするなか、鎌倉で布教活動に取り組んでいた日蓮は、他宗を誹謗《ひぼう》し武器を隠匿したとの罪で告発され、松葉《まつば》ヶ谷《がやつ》（神奈川県鎌倉市）の草庵で幕府の侍所所司《さむらいどころしょし》平頼綱《たいらのよりつな》に捕らえられた。日蓮が龍ノ口《たつのくち》（神奈川県藤沢市《ふじさわ》）で斬首されかけたとき、死刑執行の武士の刀が折れたため、佐渡配流に変更されたという「龍ノ口の法難」は、この折の出来事である。

佐渡における日蓮の配所は、佐渡の守護代《しゅごだい》であった本間六郎左衛門重連《ほんまろくろうざえもんしげつら》の屋敷の後ろにある一間四面の三昧堂《さんまい》（佐渡市目黒町《めぐろまち》）で、板間は合わず、壁は崩れ、外のように雨が漏り、雪が積もる粗末なあばら家だった。日蓮と弟子たちは、雪の吹きこむ夜には一睡もできず、身を寄せ合って朝を待つような体験を何度も味わわなければならなかった。

また、佐渡には法然《ほうねん》を慕う念仏信者が多く、彼らが日蓮たちに向けた敵意は「鎌倉に日蓮を悪みしより百千万億倍にて候《そうろう》」というほどだった。その一方、かつて順徳《じゅんとく》上皇に仕え、上皇の没後に落飾していた阿仏房日得《あぶつぼうにっとく》のように、日蓮の教えにひかれて弟子になる人物もいた。

日蓮は最初の配所となった三昧堂で「我れ日本の柱とならむ、我れ日本の眼目とならむ」とうたった『開目抄《かいもくしょう》』を著し、一ノ谷《いちのさわ》（佐渡市市野沢《いちのさわ》）の配所に移ってから、日蓮宗の根本教義である『観心本尊抄《かんじんほんぞんしょう》』を著した。日蓮は文永十一年三月に赦免されているので、在島期間はわずか二年半だったが、日蓮の思想の中でもっとも重要な二つの著作が、くしくも佐渡配流中にものされたのである。日蓮宗において、日蓮の業績を佐渡以前の「佐前《さぜん》」、佐渡配流後の「佐後《さご》」と区別しているのは、この時期が日蓮宗の教義の完成期として位置づけられているからにほかならない。

日蓮宗にとって佐渡は、たんに祖師が配流されたゆかりの場所というだけではなく、日蓮の思想を結晶させた聖地と呼ぶべき場所だったのである。

Q16

中世越後の荘園を描いた『波月条絵図』はなぜ作られた？

越後《えちご》奥山荘《おくやまのしょう》（胎内市《たいない》）は越後国蒲原《かんばら》郡にあった摂関《せっかん》家領荘園で、平安時代末期、城《じょう》氏嫡流の根拠地だった。城氏の没落後、三浦一族の和田宗実《わだむねざね》（義盛《よしもり》の弟）に地頭職《じとうしき》が与えられ、宗実の娘の津村尼《つむらのあま》から息子の高井時茂《ときもち》に受け継がれた。出家して道円《どうえん》と号した時茂は、建治《けんじ》三年（一二七七）、奥山荘を中条《なかじょう》、南《みなみ》条、北《きた》条の三つに分割し、それぞれ孫の茂連《もちつら》、義基《よしもと》、茂長《もちなが》に与えた。

奥山荘が古くから研究者に注目されてきたのは、鎌倉後期に作成された『波月条絵《なみづきのじょうえ》図《ず》』の存在による。波月は現在の胎内《たいない》市並槻《なみつき》のことで、同絵図は鎌倉時代の荘園の実態を示した史料として全国的に知られている。

絵図は中央に太伊乃河《たいのかわ》（胎内川《たいないがわ》）を描き、川を挟んで南側に中条の地頭茂連の屋敷、北側に北条の地頭茂長の屋敷が描かれている。そのほか、「七日市《なのかいち》」「高野《たかの》市」などの市場、領地を耕作する「藤大夫名《とうだゆうみょう》」などの有力農民の家、鍋や釜を作る鋳物師《いもじ》の家など、荘園周辺の様子が仔細に書きこまれており、中世荘園の様子をよく伝えている。

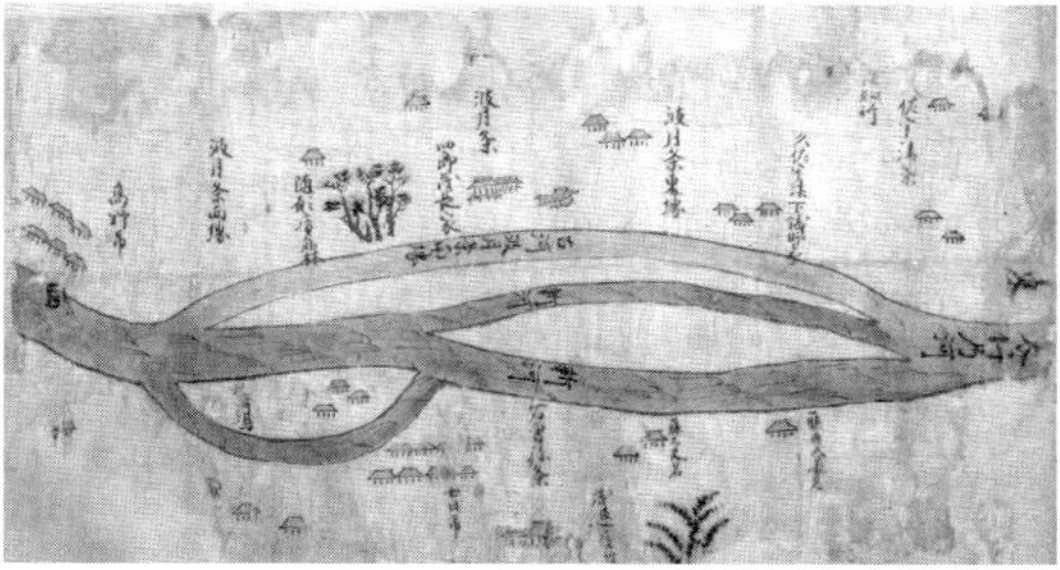

『波月条絵図』（胎内市教育委員会提供）。中央を流れるのが現在の胎内川で、川の上（北）側に北条茂長、下（南）側に中条茂連の屋敷を描く。国指定重要文化財

絵図が作成された背景には、一族間の所領争いがあったようだ。時茂の死後、奥山荘では時茂の譲状が偽文書であるとして、時茂の娘意阿《いあ》と孫の茂連・茂長らの間で訴訟合戦が展開された。『波月条絵図』は、永仁《えいにん》五年（一二九七）に敗訴して所領の中条を没収された茂連の子茂明《もちあき》が、逆転勝訴を期して作成したものと考えられている。

裁判の結果、所領は茂明に返されたが、その数年後、茂明自身が幕府の連署《れんしょ》（執権の補佐役）北条時村《ほうじょうときむら》暗殺の実行犯として断罪され、中条はふたたび幕府に没収されてしまう。中世越後の歴史の一断面を、『波月条絵図』は今日に伝えているのである。

Q17

建武の新政で新田義貞に越後が与えられたのはなぜ？

越後《えちご》は鎌倉時代を通して将軍の直轄領である関東御分国《ごぶんこく》の一つだった。国守も守護《しゅご》も執権北条《しっけんほうじょう》氏とその一族で占められたが、元弘《げんこう》三年（一三三三）、鎌倉幕府が滅亡すると、討幕の功労者である新田義貞《にったよしさだ》が越後の国司《こくし》に任じられた。

後醍醐《ごだいご》天皇による建武《けんむ》の新政の目的は、天皇を頂点とする王朝政治の再興である。各国には国司と守護が並置されたが、各国の支配は幕府が創設した守護よりも、律令制以来の国司に強い権限が与えられた。そのため、国司に任じられたのはほとんどが貴族で、武士は越後守護を兼ねた義貞のほか、足利尊氏《あしかがたかうじ》と名和長年《なわながとし》などごくわずかだった。義貞に対する後醍醐の信任がいかに厚かったかがうかがわれる。

義貞に越後の国務がゆだねられたのは、越後における新田氏の繁栄とも無関係ではなかった。上野《こうずけ》国新田荘《にったのしょう》（群馬県太田市）を本拠とする新田氏は、足利氏と同じく源《みなもとの》義家《よしいえ》の子義国《よしくに》から出た清和《せいわ》源氏の名門で、鎌倉時代の初め頃より、上野から越後にかけて一族が広く土着していた。義貞の鎌倉攻めの際も、越後から里見《さとみ》、鳥山《とやま》、大井田《おおいだ》、羽川《はねかわ》など魚沼《うおぬま》の新田一族が数多く加わっていたのである。

ところが建武政権はわずか三年で崩壊し、建武《けんむ》二年（一三三五）、南北朝の動乱が幕を開けると、越後の在地武士も足利方、後醍醐方に分かれて戦うこととなる。足利方として決起したのは、加地《かじ》荘（新発田《しばた》市）の地頭《じとう》佐々木景綱《ささきかげつな》である。対する後醍醐方は、天神山《てんじんやま》城（新潟市西蒲《にしかん》区）の清和源氏小国政光《おぐにまさみつ》、雷《いかづち》城（五泉《ごせん》市）の河内《かわち》氏らが、信濃川《しなのがわ》と阿賀野《あがの》川の合流点にある要衝蒲原津《かんばらのつ》（新潟市中央区）に城をかまえて佐々木軍を迎え討った。新田一族の姿が見えないのは、義貞とともに京に上ったためである。

両陣営の戦いは阿賀野川をはさむ下越《かえつ》を中心に繰り広げられたが、戦況は一進一退であった。建武三年、尊氏が後醍醐を吉野《よしの》（奈良県）に退けて京で幕府を開いた後も、小国、河内ら越後の南朝勢力は、頸城郡の水吉《みずよし》・水科《みずしな》（上越市三和《さんわ》区）、岩船《いわふね》宿（村上市）などで執拗《しつよう》に幕府軍に抵抗し続けたが、北陸に下った義貞が暦応《りゃくおう》元年（一三三八）、越前藤島《ふじしま》（福井市）で戦死したのち、急速に衰えていった。

Q18

宗良親王はなぜ越後寺泊にやって来た？

「雪つもる越《こし》のしら山冬ふかし夢にもたれか思ひおこせむ」(雪の積もった越後《えちご》の白山《はくさん》は冬の趣も深い。夢にも誰が思いを寄せてくれるだろうか)

後醍醐《ごだいご》天皇の皇子宗良《むねよし》親王が越後に滞在していた頃に、都の知人に遣わした歌である。皇子として生まれながら、雪深い越後の山中で過ごさなければならない不遇の境涯を嘆じる親王の心情がしのばれる。

歌人として名高い権大納言《ごんだいなごん》二条為世《にじょうためよ》の娘を母に持つ宗良親王は、早くに出家して天台座主《てんだいざす》になるが、後醍醐の討幕運動に連座して讃岐《さぬき》(香川県)へ配流。南北朝の動乱が始まると還俗《げんぞく》して宗良と名乗り、後醍醐の命により信濃《しなの》(長野県)、越後などを転戦した。自選歌集の『李花集《りかしゅう》』を残し、『新葉和歌集《しんようわかしゅう》』を編纂《へんさん》した一流の歌人でもあった。

宗良が南朝勢力の立て直しのために越後に下ったのは暦応《りゃくおう》四年(一三四一)春のこと

宗良親王が潜伏した高柳城の横堀跡（加茂市七谷上高柳。加茂市教育委員会提供）

である。親王が信濃から寺泊《てらどまり》（長岡市）に至ると、小国《おぐに》氏は親王を奉じてふたたび蒲原《かんばらの》津《つ》で蜂起し、出羽《でわ》の南朝勢と連携して幕府軍を苦しめた。しかし、越後守護上杉憲顕《うえすぎのりあき》の執拗《しつよう》な攻撃により勢いを失い、親王を奉じて寺泊へ。その後、親王は加茂《かも》（加茂市）へ移り、栗ヶ岳《くりがたけ》山麓の高柳《たかやなぎ》城や岳山《たけやま》城（いずれも加茂市）などに潜伏したといわれる。『李花集』所収の冒頭の詠歌は、栗ヶ岳山中に潜んでいた頃のものであろう。遍歴の親王にとって、和歌は唯一の心の慰めだったのかもしれない。

観応《かんのう》三年（一三五二）、親王は新田義貞《にったよしさだ》の三男義宗《よしむね》とともに関東に進出するも惨敗。文和《ぶんな》三年（一三五四）の宇加地《うかち》城（魚沼市）攻め、翌年の蔵《ざ》王堂《おうどう》城（長岡市）攻めにも敗れ、ついに信濃に逃れた。最期の地は信濃とも遠江《とおとうみ》ともいわれるが定かではない。

Q19

守護・上杉氏から越後支配を任された長尾一族とは？

室町幕府の地方支配は各国に置かれた守護《しゅご》が担ったが、守護の多くは在京していたため、実際に国務を取り仕切ったのは国元の守護代《だい》であった。越後《えちご》においても守護は室町前期からほぼ上杉《うえすぎ》氏によって世襲されたが、国内経営はもっぱら守護代の長尾《ながお》氏にゆだねられた。

長尾氏は武家平氏の祖平高望《たいらのたかもち》の系譜を引く坂東八平氏《ばんどうはちへいし》の一つ鎌倉氏の庶流で、相模《さがみ》国長尾郷(神奈川県横浜市)を本拠としたことから長尾氏を名乗った。治承《じしょう》・寿永《じゅえい》の内乱で平氏に属したため捕えられて三浦氏に預けられた。その後は三浦氏に従ったが、鎌倉時代の中頃、三浦氏と北条《ほうじょう》氏が争った宝治《ほうじ》合戦(一二四七年)で、長尾景茂《かげもち》が三浦《みうら》泰村《やすむら》に味方したため所領を没収された。景茂の孫景為《かげため》は、京の貴族出身で鎌倉幕府六代将軍宗尊《むねたか》親王に従って東下した上杉氏の被官《ひかん》となり家名をつないだ。

足利尊氏《あしかがたかうじ》が幕府を樹立すると、上杉頼重《よりしげ》の娘清子《きよこ》が尊氏・直義《ただよし》の母であったため、上杉氏は幕府内で地歩を得た。頼重の孫憲顕《のりあき》は関東執事《しつじ》(管領《かんれい》)、越後・上野《こうずけ》守護に任じられ、家宰であった長尾景忠《かげただ》(景為の子)も両国守護代となり、飛躍への足がかりを得る。

景忠※が上野《こうずけ》国白井《しろい》城(群馬県渋川市)に移り白井長尾氏の祖となったのち、越後守護代は弟景恒《かげつね》が継いだ。景恒の後は次男景春《かげはる》が蔵王堂《ざおうどう》城(長岡市)を拠点として古志《こし》長尾氏を名乗り、その後、栖吉《すよし》城(長岡市)へ本拠を移して栖吉長尾氏とも称した。三男の高景《たかかげ》は三条《さんじょう》城(三条市)を拠点として越後守護代となり、のち越後府中《ふちゅう》(上越市)に拠点を移し、その後は高景の子孫が代々越後守護代を継承した。上杉謙信《けんしん》(長尾景虎《かげとら》)の父で長尾氏を戦国大名に押し上げた為景《ためかげ》は高景の六代の孫である。

室町末期から戦国時代にかけての越後の歴史は、守護上杉氏と守護代長尾氏の協調・対立の中で展開していく。それは名門上杉氏が没落し、一介の家宰に過ぎなかった長尾氏が戦国大名として雄飛していく過程でもあった。長尾氏は一介の守護代におさまる器ではなかったのである。

※長尾氏の系図については多くの異同がある。「越後長尾氏系図」(上杉記念館蔵)では、景恒は景廉に当たり、その子に高景・宗景を挙げ、景春の名はない。景春を高景の父とする別系図もあり、景廉と同一人物の可能性がある。白井長尾氏の祖である景忠についても、景廉兄(実際は一族)である同名の景忠(敏景)の可能性も指摘されている(「平姓長尾氏の系譜」)。

Q20 越後で勃発した「応永の大乱」とは？

応永《おうえい》の乱といえば、応永《おうえい》六年（一三九九）に大内義弘《おおうちよしひろ》が足利義満《あしかがよしみつ》に反乱を起こした事件が有名だが、越後《えちご》においても上杉《うえすぎ》氏と長尾《ながお》氏の対立に端を発する大乱があった。

上杉憲顕《のりあき》・憲栄《のりひで》父子の後、越後守護《しゅご》は長尾高景《たかかげ》の尽力により憲栄の甥房方《ふさかた》が継ぎ、四十年にわたって守護の座を守った。しかし応永二十八年、房方が死に子の頼方《よりかた》が守護になると、幕府と鎌倉府との対立を背景として、長尾氏との対立が顕在化していく。

幕府と鎌倉公方《くぼう》は足利義満の時代から犬猿の仲で、越後守護代《だい》長尾邦景《くにかげ》（高景の子）は鎌倉公方足利持氏《もちうじ》を、守護頼方は幕府を支持していた。持氏が関東で幕府派の国人《こくじん》たちを圧迫し始めると、応永三十年、幕府は上杉頼方を通して越後の国人に邦景討伐を命じる。もともと越後には邦景の台頭を快く思わない勢力も多く、親幕府の上杉頼《より》藤《ふじ》、長尾朝景《ともかげ》をはじめ、本荘《ほんじょう》、色部《いろべ》、黒川《くろかわ》、中条《なかじょう》、新発田《しばた》などの※揚北《あがきた》衆（鎌倉時代以

※阿賀野川以北というところから「阿賀北衆」とも記されるが、阿賀野川がかつては揚川と呼ばれていたことから「揚北衆」とも称する。本書では「揚北衆」に統一する。

降に土着した阿賀野川以北の国人領主）は、幕府の命を奉じて一斉に立ち上がった。

しかし、互いに領地を接する揚北衆は、外敵の侵入に対しては団結してあたるものの、日常的には対立を繰り返してきたため結束力は弱かった。守護方は邦景の拠点である三条《さんじょう》城（三条市）や護摩堂《ごまどう》城（南蒲原《みなみかんばら》郡）を攻めたが、黒川氏が長年のライバルだった中条氏に反発し、加地《かじ》氏や新発田氏を誘って戦線を離脱したため邦景討伐は頓挫する。三年後、守護方はふたたび国人衆を動員して三条城を攻撃したが、この時も加地氏、新発田氏が邦景に寝返ったため遠征は中止された。揚北衆の利害関係を見抜いての、邦景の分断作戦が功を奏したのであろう。こうして、三年におよぶ応永の大乱は邦景の勝利で幕を下ろし、上杉氏による守護代抑圧策は失敗に終わるのである。

護摩堂城本丸跡に建つ「護摩堂城址」碑（田上町田上。田上町観光協会提供）

Q21 世阿弥はなぜ佐渡に流されたのか？

父観阿弥《かんあみ》とともに農村の芸能であった猿楽《さるがく》を芸術の域に引き上げ、能楽の大成者として名を残した世阿弥元清《ぜあみもときよ》。彼が世に出るきっかけとなったのは、応安《おうあん》七年（一三七四）、京の今熊野《いまくまの》神社における猿楽興行であった。世阿弥の洗練された芸と美しい容姿が、折しも臨席していた将軍足利義満《あしかがよしみつ》の目にとまり、寵愛を一身に受けることとなる。

連歌の大家である関白二条良基《にじょうよしもと》にも愛され「藤若《ふじわか》」の名を与えられた世阿弥は、権力者たちの後援を受けてスター街道を歩んだが、その栄光も義満の死とともに潰えた。幕府の実権を握った四代将軍義持《よしもち》は、父義満への反発から世阿弥を遠ざけて田楽《でんがく》の名手である増阿弥《ぞうあみ》を引き立て、六代将軍義教《よしのり》は世阿弥の甥音阿弥《おんあみ》を厚遇した。さらに、永享《えいきょう》四年（一四三二）、世阿弥の長男元雅《もとまさ》が伊勢《いせ》で死去すると、義教は元雅が継いでいた観世座《かんぜざ》家元である観世太夫《たゆう》の地位を音阿弥に継がせようとした。これに世阿弥が抵抗したため義教の怒りにふれ、永享六年五月、佐渡《さど》に流される。時に七十二歳。白山《はくさん》や砺波山《となみやま》を望みながら海を渡り、佐渡の大田浦《おおた》（佐渡市多田《おおた》）に着いた世阿弥は、丸山《まるやま》、笠借峠《かさかり》（笠取峠《かさとり》）、小倉《おぐら》を経て、長谷寺《ちょうこくじ》（佐渡市長谷《はせ》）で観音を参拝したのち、波《は》多《た》郷の守護所《しゅごしょ》（佐渡市畑野《はたの》）で目代に引き渡された。配所は万福《まんぷく》寺（佐渡市金井）、次いで現在の正法《しょうぼう》寺（佐渡市泉《いずみ》）の前身である観音堂があてられたといわれる。

正法寺境内にある世阿弥腰掛け石（佐渡市泉。佐渡観光協会提供）

世阿弥は順徳《じゅんとく》上皇や京極為兼《きょうごくためかね》（『玉葉《ぎょくよう》和歌集』の撰者）の配所を訪ね、『金島書《きんとうしょ》』という紀行文を著した。「泉は人家が甍を並べ都のようだ」など当時の佐渡の様子が記され、中世佐渡の実態を伝える貴重な史料となっている。世阿弥の動静が分かるのは同書の奥付の永享八年二月が最後で、その後、帰洛したとも伝えられるが、詳しい足取りは分かっていない。

Q22 守護職上杉氏の越後支配を実現した上杉房定とは？

十五世紀半ば、越後《えちご》の国政を牛耳っていたのは、六十年の長きにわたり守護代《しゅごだい》の地位にあった長尾邦景《ながおくにかげ》であった。応永《おうえい》の大乱で勝利をおさめた邦景は、その後まもなく親鎌倉路線を捨てて六代将軍足利義教《あしかがよしのり》に接近し、幕府の庇護の下、越後で圧倒的な権力を打ち立てる。しかし、嘉吉《かきつ》の変（一四四一年）で義教が暗殺されると邦景の権勢は急速に陰りを見せ、宝徳《ほうとく》二年（一四五〇）、越後守護上杉房定《うえすぎふささだ》に攻められて自刃した。

邦景を粛清した房定は、守護代の暴走を許したことへの反省から、拠点を京から越後府中《ふちゅう》（上越市）に移し、現地を守護の直接支配下に置いた。在京が基本である守護としては異例の政治判断だった。守護代には邦景の甥の長尾頼景《よりかげ》が任じられた。

房定は文明《ぶんめい》十年（一四七八）、鎌倉公方《くぼう》と関東管領《かんれい》の争いを調停して長らく続いた関東の争乱に終止符を打ち、四年後には京と鎌倉の和平も実現し、守護としては破格の従四位下相模守《じゅしいのげさがみのかみ》に叙任された。守護代長尾氏をはじめ、したたかな越後の国人《こくじん》たちも房定の威令に服し、以後、越後は四十年もの長きにわたる平和を享受する。

折しも京では応仁《おうにん》・文明の乱が勃発し、その余波は諸国に飛び火していたため、平穏な越後府中には、戦禍を嫌う貴族や文化人が次々と訪れた。関白近衛房嗣《このえふさつぐ》の子で聖護院門跡《しょうごいんもんぜき》の道興《どうこう》は文明十八年、奥州に向かう途次、二百人の供を引き連れて府中に立ち寄った。守護房定は自ら途中まで足を運び、学識深い高僧を迎えたという。道興は至徳寺《しとくじ》の塔頭貞操軒《たっちゅうていそうけん》に七日間滞在し、大いに歓待を受けた後、関東へ旅立った。

古今《こきん》伝授を受け、数々の紀行文を著した常光院堯恵《じょうこういんぎょうえ》は三度越後を訪れた。文明十八年の訪越では、房定の厚遇を受けて至徳寺の塔頭最勝院《さいしょういん》(上越市)に宿を与えられた。京都相国寺《しょうこくじ》の僧万里集九《ばんりしゅうく》は、長享《ちょうきょう》二年(一四八八)に府中を訪れ、国分寺や居多《こた》明神、円通寺《えんつうじ》などを見物した。房定と親交の深い連歌師宗祇《そうぎ》もたびたび越後を訪れている。

明応《めいおう》三年(一四九四)、房定が死に房能《ふさよし》が跡を継いだのちも、守護代長尾氏は上杉氏に忠実だった。だが、長尾能景の子息為景《ためかげ》が守護代を継ぐと、守護権力の強化をめざす上杉氏との対立が徐々に顕在化し、越後はふたたび戦乱の巷と化していくのである。

もっと知りたい歴史こばなし ②

古代の地形を示す「平安越後古図」の謎

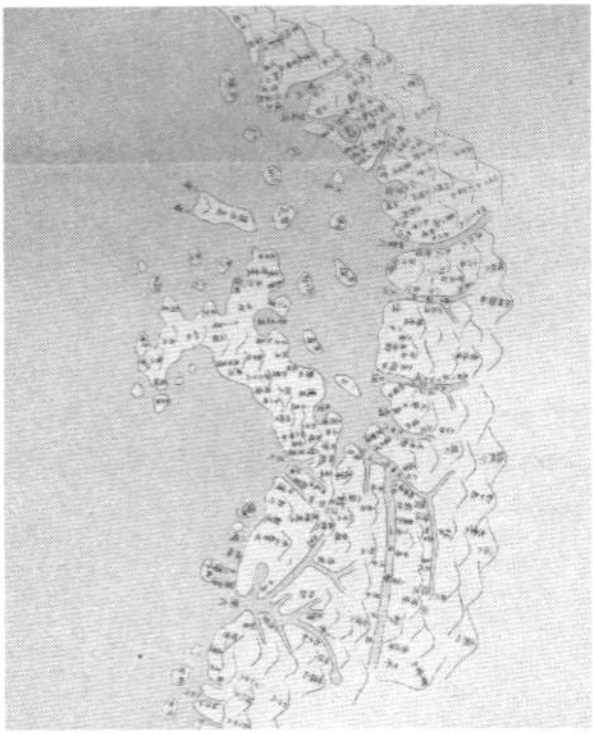

越後古図の１つ康平図（池田雨工『越後古代史之研究』（万松堂新潟支店、大正 14 年）より）

新潟県下には不思議な古代地図が伝わっている。大別すると康平《こうへい》３年（1060）・寛治《かんじ》３年（1089）の年紀を持つものが多いが、崇神《すじん》天皇時代の大彦《おおびこの》命《みこと》作とするものもある。

※特徴としては、現在の蒲原《かんばら》平野に大きく海が彎《わん》入《にゅう》するいっぽうで、寺泊《てらどまり》から巨大な半島が海中に突き出している。写本によっては彎入部分が多島海になっているものもある。「越後国之古図《えちごのくにのこず》」「往昔《おうせき》越後国之図」などタイトルもそれぞれだが、「平安越後古図」と通称されている。時代が古いので大いに注目されたが、記入された地名などから、どうやら江戸時代に古代に仮託して描かれたニセモノのようだ。しかし、誰が何のためにこんな地図を作ったのか、依然謎のままだ。

※康平・寛治図ともに寛治六年の大津波以前の地形を示すとしているのも特徴の一つ。

第3章

新潟県の戦国時代

江戸時代に描かれた「越後頸城郡長尾謙信公居城春日山城古城之図」(新潟県立歴史博物館蔵)。南を上にした概念的な絵図で、中央やや右上に本丸を描いて、周囲に「二階ヤシキ」「毘沙門堂」「三郎殿ヤシキ」などを配置する。「春日山古城図」では、元禄7年(1694)の米沢市立米沢図書館蔵本や同15年の新潟県立図書館蔵本が古いが、本書の年代や作者は不詳。

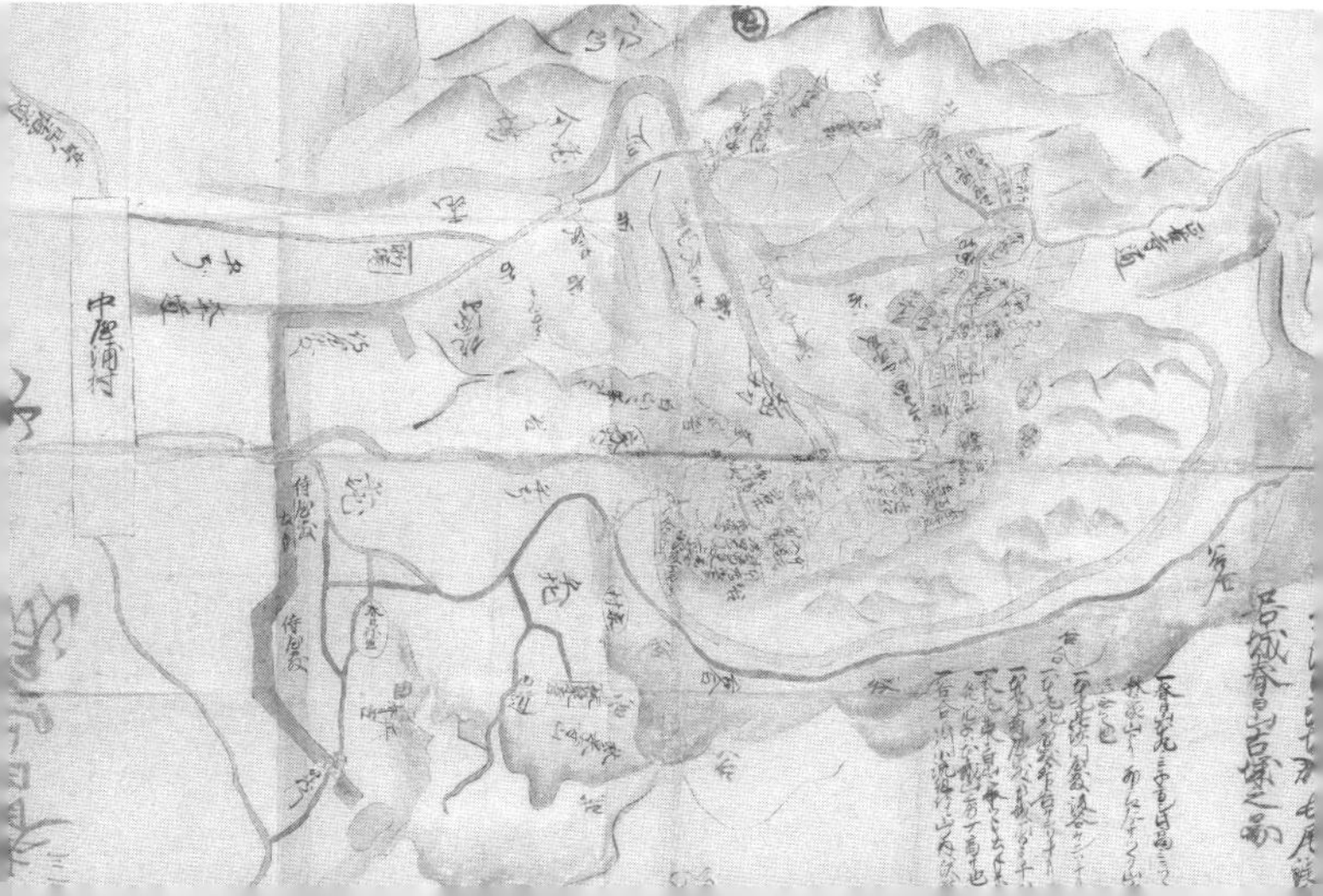

第3章 時代をよむ

越後守護代・長尾氏の台頭から上杉謙信の時代へ

室町期以後の越後《えちご》は、守護《しゅご》を務めた上杉《うえすぎ》氏と守護代《だい》長尾《ながお》氏を中心にして展開した。しかし、戦国期に至ると、支配の軸は上杉氏から長尾氏へという流れに変化を遂げていく。さらに、有力な国人《こくじん》衆の揚北《あがきた》衆が存在感を示すようになった。

上杉氏と長尾氏の対立が明確になったのは、永正《えいしょう》三年(一五〇六)に勃発した永正の乱である。守護上杉房能《ふさよし》は、大名化を目指す長尾為景《ためかげ》とことごとく対立し、両者の溝は埋まることがなかった。翌年、房能は為景との抗争に敗退すると、実兄の関東管《かん》領《れい》・上杉顕定《あきさだ》を頼って逃亡するが、結局は自刃に追い込まれた。

永正五年、房能の養子・定実《さだざね》を守護に据えた為景は、ますます威勢を振るうようになる。ところが、顕定は実弟・房能の仇をとるべく越後に侵攻し、以後、両者の争いは絶えることがなかった。

顕定との抗争に優勢を維持した為景は定実を掌中に収め、朝廷や幕府との関係を強化し基盤を着実に整えた。しかし、反為景の勢力は着実に結集しており、上条定憲《じょうじょうさだのり》や揚北衆が結託して反旗を翻した。これを享禄《きょうろく》・天文《てんぶん》の乱という。結局、敗れた為景は天文五年(一五三六)に隠退した。

時を経た天文十七年、越後国主の座に着いたのが上杉謙信《けんしん》である。謙信は関東方面はもちろんのこと、信濃《しなの》、上野《こうずけ》にも積極的に侵攻した。やがて北陸方面に進出した謙信は、天正《てんしょう》五年(一五七七)に関東方面への出陣を決意するが、翌年三月に病で倒れ、念願が叶うことがなかった。

謙信の跡を継いだ景勝《かげかつ》は、御館《おたて》の乱で同じ謙信の養子の景虎《かげとら》を破り、当主の座を確固たるものにした。その後、景勝は豊臣秀吉の配下に加わり、政権内での地位を上昇させる。一方で、景勝は秀吉により、越後から会津《あいづ》への転封を命じられた。代わりに入部したのは、越前北ノ庄《えちぜんきたのしょう》の堀秀治《ほりひではる》であった。

以後、佐渡は景勝が領したものの、堀氏の越後支配が続くことになった。関ヶ原《せきがはら》合戦時に一時は景勝が越後に攻め込むものの、結局失敗に終わったのである。

Q23

越後守護を討ち、下克上を果たした長尾為景とは?

長尾為景《ながおためかげ》は、越後守護代《えちごしゅごだい》を務める能景《よしかげ》の子として誕生した。残念なことに生年は不詳である。上杉謙信《うえすぎけんしん》の父としても知られている。

父の能景《よしかげ》は、守護代として越後守護の上杉房定《ふささだ》・房能《ふさよし》の二代に仕えた。しかし、房定が亡くなると、事実上越後における実権を掌握した。立場上は守護代の地位に甘んじていたが、房定の跡を継いだ房能とは、たびたび衝突した。永正《えいしょう》三年(一五〇六)、能景は一向一揆《いっこういっき》討伐のため越中《えっちゅう》(富山県)に出陣したが、般若野《はんにゃの》の戦いで戦死した。

父能景の死後、家督を継いで越後守護代に就任したのが為景である。ただ、為景は守護の房能とそりがあわなかった。翌永正四年八月、守護・上杉房能が為景の討伐を画策すると、先に攻撃を仕掛けて房能を自刃に追い込んだ。代わりに、房能の養子であった定実《さだざね》を守護に擁立し、傀儡《かいらい》として操ったのである。

永正六年になると、関東管領《かんれい》・上杉顕定《あきさだ》(房能の実兄)が為景に兵を起こし、房能の仇を討とうとした。劣勢に追い込まれた為景は、定実をともなって佐渡《さど》国に逃亡したのである。佐渡でしばらく捲土重来《けんどちょうらい》を期していた為景は、翌永正七年にいよいよ打って出た。越後に上陸した為景は、長森原《ながもりはら》の戦いで上杉軍に勝利を得て、ついに顕定を敗死させたのである。

顕定の討伐に成功した為景は、ようやく越後における実権を取り戻した。為景は自分の姉妹を定実の妻として送り込んだ。さらに嫡男・晴景《はるかげ》を定実の猶子《ゆうし》とさせ、上杉家の実権を掌握するとともに、越後支配にますます意欲を見せた。

ところで、為景が越後支配と同じく力を入れたのは、朝廷や室町幕府との関係を深めることである。朝廷と幕府の権威を最大限に活用し、いっそう越後支配を強力に進めようとした。この点は、特筆すべきであろう。

たとえば、為景はたびたび即位費用等の献金を朝廷に行い、信濃守《しなののかみ》という官途《かんと》を獲得した。これだけでなく、幕府からは守護と同等の証である白傘袋《しろかさぶくろ》・毛氈鞍覆《もうせんくらおおい》・塗輿《ぬりごし》を免許されたことが知られている。為景は、朝廷や幕府と親しく交わることにより栄典授与を受けた。そして、家格を上昇させることにより、越後守護上杉氏と同等の地位を得ようとしたのである。

こうして、永正十年頃には定実を押さえ込み、為景は国政を完全に掌握したといわれている。その後、為景は越中国や加賀《かが》国(石川県)を次々と転戦し、神保《じんぼ》氏や椎名《しいな》氏を滅亡に追い込んだ。さらに越中国東部の新河《にいかわ》郡の守護代に就任し、支配領域の拡大に成功する。為景は守護に成り代わって、わが世の春を謳歌した。

一見して為景の支配は順調であるかのように見えたが、実際にはそうともいえなかった。自立性の強い揚北《あがきた》衆などの国人《こくじん》衆は、為景に根強い抵抗を見せた。また、上《うえ》田《だ》・古志《こし》といった長尾氏の一門を配下に収めることも、決して容易ではなかった。

享禄《きょうろく》三年(一五三〇)になると、定実の実家である上条《じょうじょう》家の定憲《さだのり》が反乱を起こし、為景は危機に追い込まれた。何とかいったんは鎮圧に成功したものの、「反為景派」の動きは止まることがなかった。

天文《てんぶん》四年(一五三五)、揚北衆をはじめとする国人衆や、上条氏に与《くみ》した上田長尾氏が決起することによって、為景は再度窮地に追い込まれた。

上杉房能自刃の地にある管領塚（十日町市松之山天水越・松里小学校校庭隅。十日町市観光協会松之山支部提供）。元の場所からは移されている

そこで、翌天文五年に為景は朝廷から綸《りん》旨《じ》を得て、何とか反抗する勢力を食い止めることに成功したが、守護代の職を子息の晴景に譲り、自らは隠退することで妥協せざるをえなかった。こうして為景の野望は、ついに挫折したのである。ところで、為景の没年については諸説ある。これまでは、隠退後間もない天文五年十二月二十四日とされてきた。しかし、実際には亡くなったとされた以後も、為景の発給文書は確認できる。この点が大いに疑問視された。

現在では、『上杉家御年譜《ごねんぷ》』に記載されているとおり、天文十一年十二月二十四日を没年とする説が正しいとされている。

Q24

戦国時代の新潟県域にはどんな国人領主がいた？

戦国時代の新潟県域には、多数の国人《こくじん》領主が存在した。なかでも、もっとも代表的な国人領主が「揚北衆《あがきたしゅう》」である。

そもそも揚北とは、越後《えちご》北部の阿賀野川《あがのがわ》（揚河《あげがわ》）北岸地域を意味し、その名をとって揚（阿賀）北衆と称する。揚北衆は鎌倉時代にその萌芽が見られ、戦国時代には越後北部に群雄割拠した。古い歴史を持つ揚北衆は独立性が強く、越後を支配する守護《しゅご》・上《うえ》杉《すぎ》氏や守護代《だい》・長尾《ながお》氏とたびたび対立した。

彼らの先祖は、武蔵《むさし》（埼玉県）の秩父《ちちぶ》氏、相模《さがみ》（神奈川県）の三浦《みうら》氏、近江《おうみ》（滋賀県）の佐々木《ささき》氏、伊豆《いず》（静岡県）の大見《おおみ》氏らが鎌倉時代に荘園の地頭《じとう》として越後に入国し、土着し地域支配を強化したことによる。具体的に揚北衆は、次のようになる。

①小泉庄《こいずみのしょう》（村上《むらかみ》市一帯）――秩父党（本庄《ほんじょう》氏、色部《いろべ》氏、鮎川《あゆかわ》氏）

②奥山庄《おくやま》(胎内市《たいない》一帯)――三浦党(中条氏《なかじょう》、黒川氏《くろかわ》)

③加地庄《かじ》(新発田市《しばた》一帯)――佐々木党(加地氏、新発田氏、竹俣氏《たけのまた》、五十公野氏《いじみの》)

④白河庄《しらかわ》(阿賀野市《あがの》一帯)――大見党(安田氏、水原氏《すいばら》、下条氏《しもじょう》)

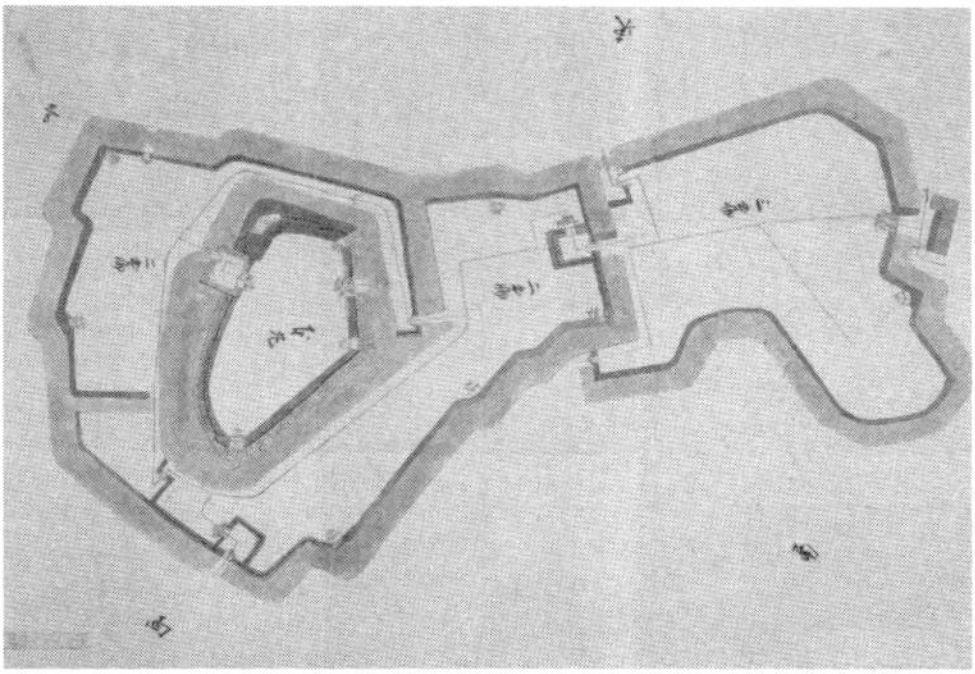

揚北衆の新発田氏の居城・新発田城絵図(『〔日本古城絵図〕 北陸道之部(2)』より。国立国会図書館蔵)

このほかに垂水氏《たるみ》(相模の河村氏《かわむら》を出自)、大川氏《おおかわ》(在地の土豪)が存在する。

独立性を保った揚北衆であったが、天文《てんぶん》十一年(一五四二)から十七年にかけての天文の乱(上杉定実《さだざね》の養子縁組問題)によって、大きくその性格が変化を見せる。養子縁組に反対する本庄房長《ふさなが》・色部勝長《かつなが》・鮎川清長《きよなが》らと、賛成する中条藤資《ふじすけ》が激しく対立し、その独立性が失われたのである。その後、彼らの中には上杉氏に仕え、家臣化する者もあれば、抗戦して滅亡に追い込まれる者もあった。

Q25

越後守護・上杉定実が壊滅した六日市の戦いとは？

上杉定実《うえすぎさだざね》は上条上杉氏《じょうじょう》の房実《ふさざね》の子として誕生したが、文亀《ぶんき》三年（一五〇三）に越後《えちご》守護《しゅご》・上杉房能《ふさよし》の養子となった。定実は房能の娘を妻として迎えているので、実質的には婿養子ということになる。

房能は守護就任以来、守護不入の地にも役銭を課すなど積極的な支配を展開したが、この政策に国人《こくじん》らの不満が募り、とりわけ守護代《だい》の長尾能景《ながおよしかげ》との対立が深刻化した。しかし、能景が永正《えいしょう》三年（一五〇六）に越中《えっちゅう》（富山県）で一向一揆《いっこういっき》と戦って戦死し、跡を為景《ためかげ》が継ぐと、房能は一気に攻勢に転じる。

為景は房能の養子・定実を守護に推戴し、永正四年八月に房能を攻撃した。房能は逃亡するが、結局は自害して果てた。こうして為景の下克上《げこくじょう》は成功し、定実は守護に、為景は守護代にそれぞれ正式に補任《ぶにん》されたのである。

永正六年六月、関東管領《かんれい》・上杉顕定《あきさだ》(房能の兄)は、越後における関東管領領の保持と弟の敵討ちのため、越後に攻め込んだ。顕定には揚北《あがきた》衆らが与《くみ》したため、為景と定実は敗北し、越中へと逃れた。房能と定実は各地の領主らと連絡しながら反撃の機会をうかがい、翌年七月に顕定を死に追いやった。

上杉定実方が侵攻した坂戸城本丸跡に建つ「坂戸城跡」碑（南魚沼市六日町坂戸）

ところが、ここで房能と定実が対立するようになった。定実は傀儡《かいらい》の地位に反発するようになったのである。これが永正の再乱と称されるもので、永正十年に勃発した。定実方の宇佐美《うさみ》房忠《ふさただ》が信濃《しなの》(長野県)の諸豪族や出羽《でわ》(山形県)の伊達稙宗《だてたねむね》と挙兵したが、揚北衆は為景方に与した。しかし、永正十一年一月の六日市《むいかいち》の戦い(南魚沼市六日町)で定実は敗れ、その権威は大きく失墜した。死こそ逃れたものの、その後も復権することはなかったのである。

Q26

上杉謙信が兄から家督を譲られたのはなぜ？

戦国の英雄の一人である上杉謙信《うえすぎけんしん》（謙信はたびたび改名するが、以下、謙信で統一）。しかし、その前半生はじつに複雑であり、上杉家の家督存続も容易ではなかった。

謙信が誕生したのは、享禄《きょうろく》三年（一五三〇）。長尾為景《ながおためかげ》の子息としてであった。天文《てんぶん》五年（一五三六）に兄の晴景《はるかげ》が為景の跡を継ぐと、謙信は林泉寺《りんせんじ》（上越市中門前）に入った。後継者への道は閉ざされたのである。しかし、晴景が凡庸な人物であったため、天文十二年に謙信は元服し古志《こし》長尾氏を継承すると、古志郡司《ぐんじ》として腕を振るった。

天文十三年、越後の諸豪族が晴景に反旗を翻すが、謙信はこれを見事に撃退（栃尾《とちお》城の戦い）。その存在感を強くアピールする。翌年には、上杉氏の家臣・黒田秀忠《くろだひでただ》が反旗を翻すが、これを降伏に追い込んだ（黒滝《くろたき》城の戦い）。これにより、謙信の名声はますます高まったのである。

天文十七年頃から、揚北衆《あがきた》の諸豪族を中心にして、謙信を長尾家の家督に擁立しようとの動きが活発化する。やがて、越後一国は晴景派と謙信派に分かれ、その対立は深刻さを増した。事態は一刻の猶予も許さなかった。

この動きを憂慮したのが、上杉定実《うえすぎさだざね》であった。定実は両者の仲裁に入ると、謙信を為景の養子にするという苦肉の策を用いて、事態の打開を図ったのである。この調停案は受け入れられ、謙信は晴れて長尾家の家督を継承した。十九歳の謙信は春日山城《かすがやま》（上越市中屋敷）に入り、越後守護代の地位に就いたのである。

家督相続の背景には定実の影響も大きいが、揚北衆ら実力者の意向も無視できなかったと考えられる。

上杉謙信画像（米沢市上杉博物館蔵）

Q27

上杉氏の居城・春日山城はどんな城だった？

春日山城《かすがやま》は上杉謙信《うえすぎけんしん》の居城として知られ、上越市にその遺構が残っている。国の指定史跡でもある。いったいどのような城だったのだろうか。

春日山城は上越市の春日山に築城され、長尾為景《ながおためかげ》・晴景《はるかげ》、上杉謙信・景勝《かげかつ》の四代が居城とした。山で囲まれた天然の要害を持ち、難攻不落の堅城として有名である。具体的な築城年は不明であるが、南北朝時代に越後守護《えちごしゅご》・上杉氏が築いたという。もともとは、越後府中《ふちゅう》の館の詰城《つめのしろ》としての性格を有していた。

「春日山」の名称は、奈良の春日大社から分霊勧請《かんじょう》した春日神社に由来すると考えられている。また、春日山城は別名を鉢ヶ峰《はちがみね》城と称されており、隣接した林泉寺《りんせんじ》は春日山城で最古の建築物といわれている。

永正《えいしょう》四年（一五〇七）、上杉定実《さだざね》を擁立した越後守護代《だい》・長尾為景が守護上杉房能《ふさよし》を追放すると、定実を新たな守護に据えた。そして、為景が春日山城を本拠と定めると、以後は代々居城として本格的に活用された。

春日山城は地域支配拠点として、要害の地に支城・砦・館が配置されていた。また、他国からの侵攻に備えて、山中に春日山城と支城・砦を結ぶ軍事用道路があった。こうした膨大な砦群が、春日山城の防御をいっそう強固なものにした。

しかし、慶長《けいちょう》三年(一五九八)に上杉景勝が転封となり、会津《あいづ》(福島県)へ移った。その後に越後へ入部したのが、堀秀治《ほりひではる》である。堀氏は領国支配を展開するうえで春日山城は不便であると考え、慶長十二年に福島《ふくしま》城を築城した。こうして、春日山城は歴史的な役割を終えたのである。

春日山城(上越市中屋敷)二ノ丸を上がった位置にある天守台跡。「天守閣阯」碑が建つが春日山城には天守はなかったとされる

Q28

上杉謙信が発給した「血染めの感状」とは？

上杉謙信《うえすぎけんしん》が越後《えちご》国内だけに止まらず、各地に出兵したのは、よく知られた事実である。関東方面へもよく出兵したが、それよりも信濃《しなの》で武田信玄《たけだしんげん》と何度も戦った川中島《かわなかじま》の合戦のほうが、あまりに有名であろう。

川中島の合戦は北信濃の支配をめぐり、謙信と信玄が計五回にわたって、川中島で繰り広げた戦いである（合戦の回数については諸説あり）。なかでも永禄《えいろく》四年（一五六一）の第四回の合戦は、もっとも激しい戦いであり、数多くの関連史料が残っている。とくに有名なのが、謙信が発給した「血染めの感状《かんじょう》」なのである。

謙信が発給した「血染めの感状」は、色部勝長《いろべかつなが》、安田長秀《やすだながひで》、中条藤資《なかじょうふじすけ》、垂水源二郎《たるみげんじろう》（荒川長実《あらかわながざね》）、本多右近允《ほんだうこんのじょう》、松本忠繁《まつもとただしげ》、岡田但馬《おかだたじま》の七名に送られたといわれている。しかし、現存するのは、色部勝長、安田長秀、中条藤資、垂水源二郎（荒川長実）の四名

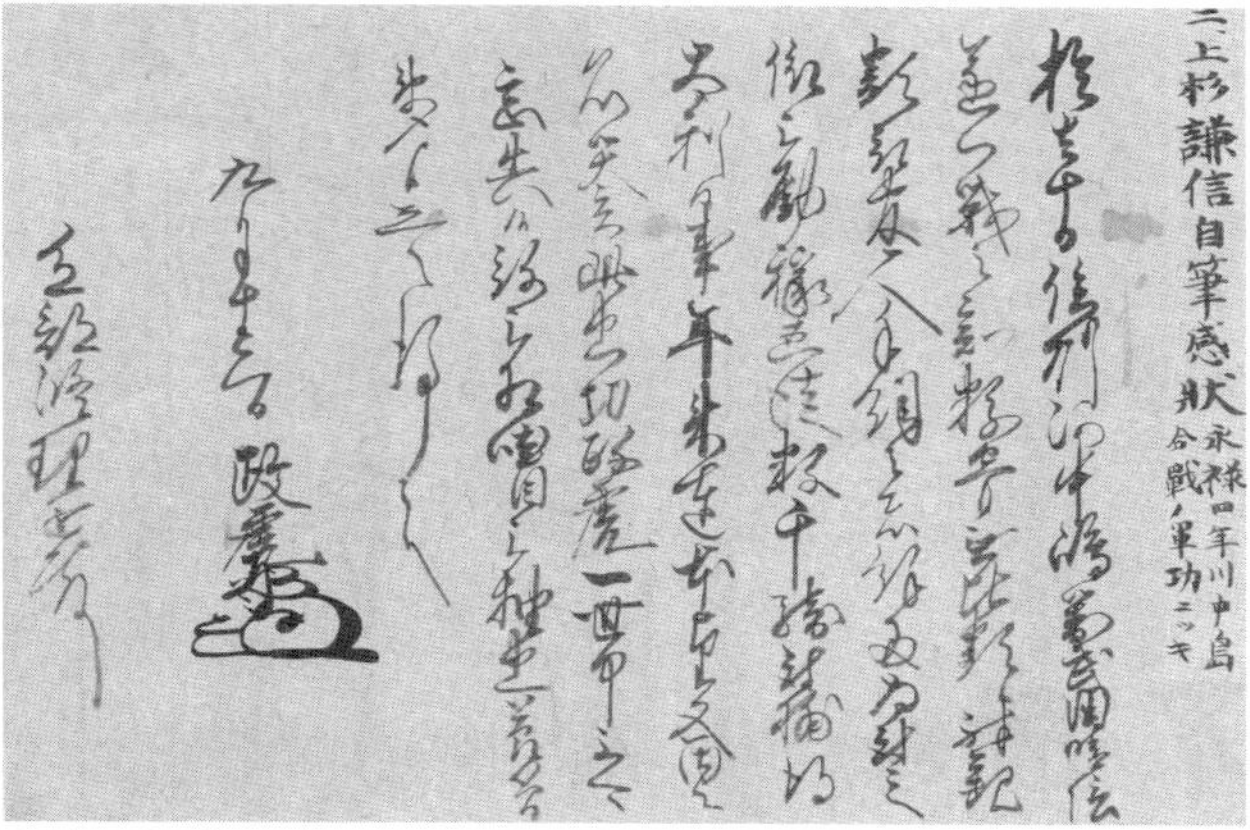

永禄10年（1567）9月13日付で色部勝長へ与えられた上杉謙信（輝虎）血判起請文（新潟県立歴史博物館蔵）

分だけである。

じつは、「血染めの感状」といっても、謙信の血で文字が書かれているわけではない。感状そのもののサイズは小さいのであるが、料紙に血痕のような染みがついているので、「血染めの感状」と称されているのだ。

そして、また一説によると、謙信に与《くみ》した揚北《あがきた》衆らの諸豪族が多くの戦死者を出しながらも奮闘し、その流した血によって与えられたと解釈する向きもある。ただ、やや情緒的な感が否めない。

実際には普通の染みが血痕のように見えたのが、起請文《きしょうもん》などに見られる「血判」のイメージと重なったのであろう。

Q29

上杉謙信が「敵に塩を送った」故事はホントか？

上杉謙信《うえすぎけんしん》のライバルといえば、甲斐《かい》の戦国大名・武田信玄《たけだしんげん》である。二人の間に、麗しい友情話があったのをごぞんじだろうか？

信玄は謙信と戦っていたが、北条《ほうじょう》、今川《いまがわ》といった関東、東海地域の大名とは同盟と離反を繰り返していた。周知のとおり、永禄《えいろく》三年（一五六〇）に桶狭間《おけはざま》合戦で今川義元《よしもと》が織田信長に敗れ横死すると、今川家の当主の座に着いたのが氏真《うじざね》であった。ところが、氏真が家督を継いでから、今川家の家運は傾き、存亡の危機に立たされた。

かねてから武田、北条、今川の間では、三国同盟を締結し平和を維持していた。しかし、今川氏の弱体振りを目にした信玄は、これを破棄し今川領国である駿河《するが》国（静岡県）へ侵攻を企てたのである。永禄十年のことであった。

婚姻までして交わした同盟であっただけに、氏真の怒りは尋常ならざるものがあった。氏真は隣国の北条氏と結託し、経済制裁を行うことになる。これが、塩を甲斐へ送ることを禁じた「塩留《しおど》め」である。武田氏領国の甲斐は、四方を陸で囲まれ海がなかった。したがって、塩の貿易を断たれると、途端に危機に陥った。

塩は食事の味付けにも必要であり、健康な生活を送るうえでも不可欠であった。塩の不足した武田氏領内では、領民が苦しんだといわれている。

ここで意外な人物が信玄に手を差し伸べた。その人物こそが、終生のライバル・上杉謙信だったのである。謙信は「塩留め」をした氏真の行為を卑怯と断じ、越後《えちご》から塩を送ったのである。しかも、良心的に通常のレートで売り渡したという。これには、信玄をはじめ甲斐の領民も随喜の涙を流して感激した。

謙信の行為に対して、信玄は福岡一文字《ふくおかいちもんじ》の太刀「弘口」を送ったという。この太刀は、別名「塩留めの太刀」と称されている。

ところで、以上の話は、たしかな史料によって裏付けられるものではない。また、氏真が「塩留め」をしたとの記録も残っていない。謙信が名君であることを後世に伝えようとしたものであろうか。

Q30

謙信最後の作戦は、関東出兵か上洛戦か？

越後《えちご》に本拠を置いた上杉謙信《うえすぎけんしん》は、関東、北陸、信濃《しなの》方面にたびたび出兵した。そして、北条《ほうじょう》、武田《たけだ》といった強大な戦国大名を相手にして、常に合戦を繰り広げてきたことで知られる。同じ頃、中央では織田信長が威勢を増していた。ここで、謙信と信長の両者がいかにかかわったのかを考えてみよう。

北陸方面で長年、威勢を振るったのが一向一揆《いっこういっき》の勢力であった。信長は越前《えちぜん》に侵攻すると一向一揆を殲滅《せんめつ》し、やがて加賀《かが》の一向一揆を滅ぼそうとした。一方、北陸支配を進めていた謙信は、当初、信長と友好関係にあった。しかし、北陸の権益という利害をめぐって両者はついに決裂する。

天正《てんしょう》四年（一五七六）、謙信は加賀・越中《えっちゅう》の一向一揆と協力し、ついに越中を配下に収めた。それまで謙信と一向一揆は敵対関係にあったが、顕如《けんにょ》からの申し出により、和睦を結んだのである。共通の敵は、織田信長であった。謙信はそれだけでなく、足《あし》利義昭《かがよしあき》の求めに応じ、反信長包囲網に加わったのである。

やがて、謙信の軍勢は、能登《のと》の大名・畠山《はたけやま》氏へと向かった。一方の信長も柴田勝家《しばたかついえ》に命じて、越中を攻撃させた。天正五年、勝家の軍勢に勝利を得た謙信は、越中の本格的な支配を志向することになる。

天正五年十二月、いったん本拠の春日山《かすがやま》城(上越市中屋敷)に戻った謙信は、一大決心をする。翌年三月の遠征に向けて、軍勢の大動員令を発令したのである。ところが、そんな謙信を病魔が襲った。同年三月十三日、謙信は脳溢血《いっけつ》によって、あっけなく死んでしまったのである。結局、この遠征は幻として消えた。

この遠征の目的については、二つの説がある。一つ目は、義昭の将軍復帰を目指すべく、上洛を目指したという説である。二つ目は、当時、北条氏政《うじまさ》の侵攻に悩まされた、佐竹《さたけ》氏や宇都宮《うつのみや》氏など北関東の大名による出馬依頼に応じようとした説である。当然、前者のほうが夢とロマンに溢れているのであるが、現実を直視すると、後者の説が妥当なようである。

Q31
上杉謙信の葬儀と埋葬地は?

Q30で触れたとおり、上杉謙信《うえすぎけんしん》は大遠征を企図しながらも、天正《てんしょう》六年(一五七八)三月十三日に志半ばにして病に倒れた。亡くなったのは春日山《かすがやま》城内(上越《じょうえつ》市中屋敷)で、深夜であったという。病名は脳溢血《いっけつ》であったといわれている。四十九歳であった。

ところで、謙信は半ば自身の死を悟っていた節がある。じつは、謙信の死の一か月前、肖像画と時世の句を残しているのである。なかでも肖像画は、謙信の死の当日に完成したので、不思議な因縁を感じざるを得ない。謙信の肖像画は、遺言にしたがって高野山無量光院《むりょうこういん》に納められたが、明治二十一年(一八八八)に焼失した。

ちなみに謙信の時世の句は、「四十九年一睡夢　一期栄華一盃酒」というものであった(『上杉米沢家譜《よねざわかふ》』)。内容を要約すれば、四十九年の生涯は一睡の夢に過ぎず、一代の栄華は一杯の酒のようなものだ(酔いしれているうちに終わった)、ということになろう。生涯を戦いのなかで生き抜いた謙信らしさが伝わってくる。

謙信の葬儀は、三月十五日に春日山城北の大乗寺《だいじょうじ》住持である良海《りょうかい》を導師として執り行われた。遺骸には甲冑を着けて、甕《かめ》に納められた。そして、春日山城内の不識院《ふしきいん》本堂に葬られたのである。現在、謙信の墓は春日山城に隣接した林泉寺《りんせん》にあり、今も訪れる人があとを絶たない。

謙信が埋葬された不識院があったあたりに建つ復元毘沙門堂（上越市中屋敷）

ところで、謙信の跡を継いだ景勝は、慶長《けいちょう》三年（一五九八）に会津《あいづ》（福島県）に移封となった。じつはこのとき、謙信の遺骸も会津に移されたのである。それが、米沢市にある上杉家廟所《びょうしょ》である。謙信は上杉家の精神的な支柱であったので、謙信の廟所を中心にして、歴代藩主の墓が左右に立ち並んでいる。

Q32

上杉景勝が御館の乱で勝利できたのはなぜ？

天正《てんしょう》六年（一五七八）三月の上杉謙信《うえすぎけんしん》の死後、謙信が遺言をいっさい残さなかったこともあり、家督継承をめぐって内紛が勃発する。その内乱が、御館《おたて》の乱である。実子のなかった謙信には、二人の養子がいた。一人は、謙信の姉と坂戸《さかど》城主・長尾《ながお》政景《まさかげ》との間に生まれた景勝《かげかつ》である。もう一人は、景虎《かげとら》といい、小田原《おだわら》城主・北条氏康《ほうじょううじやす》の七男であった。二人の養子の存在が面倒なことになったのである。

先制攻撃を仕掛けたのは、景勝であった。景勝は謙信の遺命であると称して、謙信の死の直後に春日山《かすがやま》城（上越《じょうえつ》市中屋敷）を占拠したのである。その際、景勝は金蔵を押さえていた。一方の景虎は、御館（上越市五智《ごち》）に逃れて態勢を立て直そうとした。越後《えちご》の国衆《くにしゅう》たちも景勝、景虎のそれぞれに与《くみ》したが、景虎に援助の手を差し伸べたのが実兄の北条氏政《うじまさ》である。これで、形勢は景勝に不利となった。景勝は一計を案じ、武田勝頼《たけだかつより》と和睦を結ぼうとした。条件は金蔵の五百両と東上野《こうずけ》を割譲し、勝頼の妹を景勝が娶《めと》るというものであった。

こうして一時的に和睦は成り立ったが、やがて破綻する。しかし、景勝は積極的に刈羽《かりわ》地方を攻略すると、孤立した御館に攻撃を加えた。翌天正七年三月、窮地に追い込まれた景虎は、子息を上杉憲政《のりまさ》に人質として送り込み、事態の打開を図ろうとするが、四ツ屋《よつや》（上越市春日野）で景勝の兵が憲政と子息を殺害した。この一報を聞いた景虎は、鮫ケ尾城《さめがお》（妙高市《みょうこう》）の堀江宗親《ほりえむねちか》を頼ったが、宗親にも裏切られて自害したのである。

上杉景勝画像（米沢市上杉博物館蔵）

その後、景勝は景虎派の諸将を討伐し、越後一国の平定を成し遂げた。そして、新たに家臣団を再編し、支配を進めたのである。

Q33 直江兼続による佐渡平定とは？

新潟県といえば、忘れてならないのが佐渡《さど》である。天正《てんしょう》十四年（一五八六）、上洛して豊臣秀吉に謁見した上杉景勝《うえすぎかげかつ》は、越後《えちご》に加えて佐渡の支配も承認された。ところが、当時の佐渡は強大な大名権力が存在せず、また越後との関係が希薄であったといわれている。佐渡では領主間の争乱が絶えず、いつも激しく争っていた。景勝は、秀吉による佐渡支配の承認を背景として、佐渡の領主らに出仕を命じた。しかし、これに応じる者はなかったという。

天正十七年六月、意を決した景勝は、重臣・直江兼続《なおえかねつぐ》とともに佐渡を平定するため渡海する。沢根本間《さわねほんま》氏や潟上《かたがみ》本間氏は、すぐさま服従の意を表したので、家臣団に組み入れることにした。一方で、羽茂《はもち》本間氏のように抵抗を試みる者は滅亡に追い込んだ。翌七月には、早くも平定を終えたといわれている。

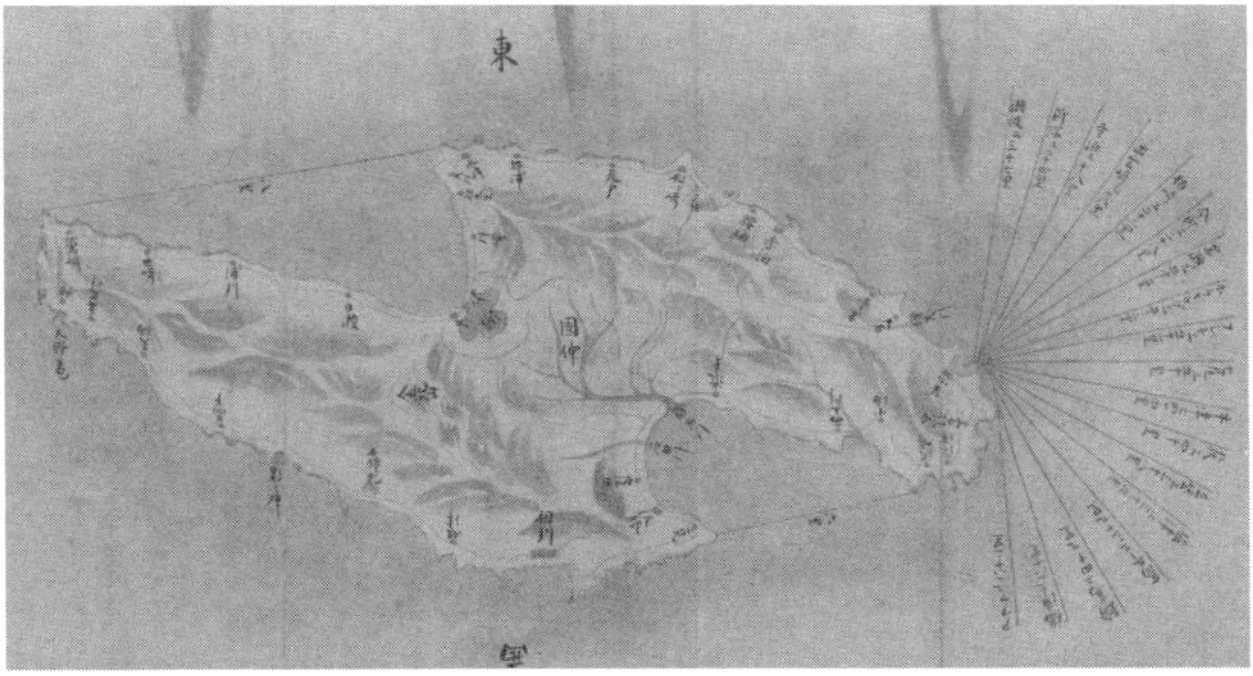

東を上にした『佐渡国全図』（国立国会図書館蔵）。右には金銀の積み出し港だった小木港から放射状に瀬波・新潟・寺泊などへの距離を示している

沢根本間氏や潟上本間氏は、越後に移された。徐々に佐渡の旧領主の所領は、蔵入地《くらいりち》に組み込まれたのである。これまでの権利関係をいっさい白紙に戻すことにより、新たな支配を展開しようとする景勝の意欲のあらわれであろう。

ここで満を持して登場したのが、直江兼続である。景勝は、佐渡における支配の指揮を兼続に一任した。支配を任された兼続は、与板《よいた》衆・上田《うえだ》衆を越後から呼び寄せ、佐渡の各地に所領を与えた。こうして兼続は、景勝の意向に沿って、佐渡の支配を展開する。

しかし、金山で有名な佐渡であるが、当時はまだ産出量が少なかった。ゴールド・ラッシュで沸き起こるのは、こののちのことである。

Q34

上杉景勝が会津に移されたのはなぜ？

本能寺《ほんのうじ》の変をきっかけに、豊臣秀吉が天下人に躍り出てから、上杉景勝《うえすぎかげかつ》はその政権下で精力的に働いた。各地への出兵はもちろんのこと、朝鮮出兵や伏見城（京都市伏見区）の普請《ふしん》にも積極的に協力した。秀吉あっての景勝といってもよい。

ところが、慶長《けいちょう》三年（一五九八）一月、思いがけないことが景勝に起こった。もともと景勝は越後《えちご》に三十九万石を領していたが、会津（および佐渡《さど》・庄内《しょうない》）百二十万石に転封を命じられたのである。大出世であった。代わりに越後に入部したのは、越前《えちぜん》・北《きた》ノ庄《のしょう》の堀秀治《ほりひではる》であった。秀治は、秀吉の直臣である。

会津への転封に際しては、景勝に次のような条件が課せられた。

①家臣、中間《ちゅうげん》・小者《こもの》まで奉公人すべてを会津へ連れて行くこと。

②百姓・農民を会津に連れて行ってはならないこと。

まさしく「鉢植え大名」の名のとおりである。景勝以下、家臣らは長年親しんだ土地を離れて、父祖伝来の地縁を断ち切らざるを得なかったのである。むろん秀吉の命令でもあり、拒否することはできなかった。

では、なぜ秀吉は景勝を会津に移したのであろうか。これには、主に二つの理由が考えられる。

第一に、景勝に奥州全域の統括者としての地位を与え、伊達《だて》氏・最上《もがみ》氏などの勢力を牽制することである。

第二に、関東の徳川家康《いえやす》の監視と牽制を行うことである。当時、いうまでもなく家康は、秀吉に対抗しうる大勢力であった。

こうした役割を担うことができるのは、景勝以外にはなかったと考えられる。しかし、この配置は、のちに大きな禍根を残した。景勝は越後を去ったのち、堀秀治と越後の年貢の扱いをめぐって対立を深めた。秀治は景勝との対立を機会にして、家康に急接近をすることになる。皮肉なことに関《せき》ヶ《が》原《はら》合戦が勃発すると、景勝は家康の監視と牽制の役割を果たしたが、それが衰退への第一歩となるのである。

Q35

関ヶ原合戦時に越後でも戦いがあった！

関ヶ原《せきがはら》合戦の一つのきっかけとしては、上杉景勝《うえすぎかげかつ》が徳川家康《いえやす》の上洛要請に応じなかったことが挙げられる。このことに加えて、決定的になったのが「直江状《なおえじょう》」である。直江兼続《かねつぐ》が家康に挑戦的な態度を示したため、景勝は討伐の対象になった。

慶長《けいちょう》五年（一六〇〇）七月、家康は会津《あいづ》へ景勝討伐の軍勢を率いて出兵した。しかし、途中で石田三成《いしだみつなり》挙兵の一報に接し、急遽西上の途についた。家康は結城秀康《ゆうきひでやす》に加え、最上義光《もがみよしあき》、堀秀治《ほりひではる》、伊達政宗《だてまさむね》に対して景勝の牽制を命じている。

なかでも政宗は、東軍が勝利を得た際には旧領七郡が返還され、あわせて百万石を与えられることが約束された。いわゆる「百万石のお墨付《すみつき》」である。こうして、東北で展開したのがいわゆる「北の関ヶ原合戦」である。

ところで、越後《えちご》においては、関ヶ原合戦と同時に会津の景勝の軍勢が越後に攻め込んだことが知られている。景勝がもっとも頼りにしたのは、堀氏の支配に不満を持つ土豪・百姓たちであった。これが上杉遺民一揆《いみんいっき》と称されるものである。彼らは一致団結して、堀氏の軍勢が籠《こ》もる下倉《したぐら》城（魚沼《うおぬま》市下倉）や三条《さんじょう》※城（三条市）を攻撃した。

むろん堀氏のほうも負けてはいない。坂戸《さかど》城主の堀直竒《なおより》、三条城将・堀直次《なおつぐ》、蔵王《ざおう》堂《どう》城主・堀親良《ちかよし》は、結束を強くして一揆勢力と戦った。

しかし、九月十五日に開始された関ヶ原合戦は、わずか一日で収束し、東軍の圧倒的な勝利に終わった。東軍勝利の一報は、九月下旬に越後にも伝わった。当然、西軍に与《くみ》していた景勝の軍勢は越後から敗走し、会津に向かった。こうして上杉遺民一揆は、あっけなく終わってしまったのである。

越後に残された土豪や百姓は、悲惨な運命をたどった。彼らも越後に居づらくなり、やがて会津へと次々に流入した。この結果、百姓のいなくなった越後では、村はどんどん廃れていったといわれている。

坂戸城主・堀直竒は、荒廃した村を復興するため、五か年の諸役免除と米を貸与することで、百姓を召し返すようにしたという。

※元和２年（1616）に築かれた近世三条城は現三条市市街地中心部の三条小学校（元町）附近一帯にあったことが発掘で確認されているが、中世以前の三条城の位置はよく分かっていない。

Q36 佐渡が徳川氏の直轄地となったのはなぜ?

佐渡《さど》に金山や銀山があったことは、平安時代頃から確認することができる。西三川《にしみかわ》金山などは、古く『今昔物語《こんじゃくものがたり》』や『宇治拾遺物語《うじしゅういものがたり》』といった説話文学に登場するほど有名であった。意外なほど歴史は古いのだ。

ところが、十六世紀後半に至るまで、佐渡金山(相川《あいかわ》金山)の存在は知られていなかった。むしろ、鶴子《つるし》銀山では銀が採掘され、そのほうが有名であったという。ようやく坑道掘りという新しい技術によって、相川で金が採鉱されたのは、文禄《ぶんろく》四年(一五九五)のことであるといわれている。

一説によると、慶長《けいちょう》六年(一六〇一)に鶴子銀山の山師である三浦治兵衛《みうらじへえ》、渡辺儀兵衛《わたなべぎへえ》らが、道遊《どうゆう》の割戸《われと》という金銀の大きな露頭を発見したという。これが、佐渡金山のはじまりである。佐渡は、ゴールド・ラッシュで湧いた。

この世紀の大発見により、佐渡金山は日本で最大級の金山として知られるようになった。むろん、こうした経済的に旨みのある土地を徳川家康《いえやす》が見逃すはずはない。莫大な富をもたらすからである。その後、家康は佐渡を直轄領とし、二年後の慶長八年には佐渡奉行として大久保長安《おおくぼながやす》を派遣したのである。

佐渡金山が有名になると、全国各地から牢人、山師《やまし》、商人が金を採掘するためやって来た。一攫千金を狙ってである。金を採掘するための坑道は次々と掘られ、わずかな間にその数は二百を超えたといわれている。

ちなみに佐渡金山から幕府に送られた金は、一万貫という破格のものであった。その後、佐渡は町も整備され、繁栄を築くことになったのである。

相川金山発祥の地である「道遊の割戸」（佐渡市相川銀山町。株式会社ゴールデン佐渡 史跡佐渡金山提供）

もっと知りたい歴史こばなし③

高田藩主入れ替え事件とは？

高田藩榊原《さかきばら》家初代藩主に政純《まさずみ》という殿様があった。姫路から家督を継いで早々に、7歳で移されてきた。

この政純に関して、榊原家の家譜『嗣封録《しふうろく》』には奇妙な記述がある。享保《きょうほう》20年（1735）10月28日生まれと記す一方で、別の系図によればじつは元文《げんぶん》元年（1736）6月1日生まれであるとも書いてあるのだ。不思議なことに、政純弟の富次郎《とみじろう》の項には、生年を元文元年生まれとしながら、実際は享保20年生まれとある。富次郎はじつは熊千代《くまちよ》政純で、延享《えんきょう》元年（1744）に9歳で死んだとも記されているのである。

つまり、兄の熊千代政純は藩主を7歳で継いだが9歳で死んでいたのである。当然跡継ぎはいない。このままでは御家断絶である。そこで死んだのは1つ下の弟だったことにして、富次郎が代わって藩主を継続していたのだ。榊原家は幕府創業の功臣・康政《やすまさ》の家系であり、幕閣の理解も得たうえでのことだったようだ※。富次郎政純は、何度も名を変え（最後は政永《まさなが》）半世紀近くも藩主を務め、文化《ぶんか》4年（1807）12月に、73歳で死去している。

※この間の事情は、家老・原田権左衛門が書き残しているという（村山和夫『高田藩』）。

第4章

新潟県の江戸時代

宿根木（しゅくねぎ）に建つ舟型家屋（佐渡市。佐渡観光協会提供）。弘化３年（1846）以前の建築で、入り江の狭い土地の有効活用のために、特異な舟型家屋が建てられたとされる。宿根木は佐渡金山が繁栄した江戸寛文期（1661 ～ 73）に回船業の集落として発展した「千石船と船大工の里」で、町並みは国の重要伝統的建造物群保存地区となっている。

第4章 時代をよむ

天領であり続けた佐渡、小藩が分立した越後

江戸時代の県域は、佐渡《さど》が一貫して幕府の支配を受けたのに対し、越後《えちご》には小藩が分立した。

豊臣政権下では上杉景勝《うえすぎかげかつ》という一人の領主によって統一支配されていた佐渡・越後両国だが、景勝が慶長《けいちょう》三年(一五九八)に会津《あいづ》(福島県)に移されると、佐渡は上杉領として残り、越後は越前北ノ庄《きたのしょう》(福井市)から来た堀秀治《ほりひではる》が支配するところとなった。その後、堀氏が慶長十五年に改易《かいえき》されると、徳川家康の六男・松平忠輝《まつだいらただてる》が越後の新領主となる。越後に徳川家の一門が置かれた背景には、外様《とざま》の大藩・加賀《かが》藩(金沢市)の前田氏への牽制のほか、金の一大産地・佐渡から運ばれる金銀の輸送路を確保するという狙いがあった。そして、忠輝が大坂の陣後の元和《げんな》二年(一六一六)に改易されたことをきっかけに、越後は小藩分立の時代を迎える。すなわち、村上《むらかみ》藩(村上市)、新発田《しばた》

藩（新発田市）、村松藩《むらまつ》（五泉市《ごせん》）、長岡藩《ながおか》（長岡市）、高田藩《たかだ》（上越市《じょうえつ》）など多くの藩が成立したほか、各地に天領《てんりょう》（幕府領）や他国藩の飛地、旗本領、寺社領が置かれたのであった。十八世紀以降、財政難に陥った県域各藩は、産業を振興し、縮《ちぢみ》や紬《つむぎ》、金物といった今日に伝わる特産品を生み出した。

一方、佐渡は慶長六年に天領となって以降、明治維新を迎えるまで幕府が派遣する佐渡奉行の管轄下に置かれた。歴代奉行には、幕政初期に権勢を誇った大久保長安《おおくぼながやす》をはじめ、いわゆる「元禄の改鋳《げんろくのかいちゅう》」を行った荻原重秀《おぎわらしげひで》や、幕末に外交で活躍した川路聖謨《かわじとしあきら》など著名な幕吏がいる。佐渡の経済は江戸時代のはじめに金脈が発見されたことをきっかけに全国から人が集まるようになり、鉱山周辺に町が形成されて開いて繁栄した。また、文化面では、初代奉行の長安が能の愛好者であったことから、島内で鉱山繁栄の神事能がしばしば催され、伝統芸能として花開いた。佐渡で能が愛されたのは、中世に能の大成者・世阿弥《ぜあみ》がこの島に流された縁によるところも大きい。その他、近世初頭には歌舞伎の創始者とされる出雲《いずも》の阿国《おくに》が来島したという記録もあるなど、江戸時代の佐渡は国内最大の鉱業都市として経済・文化ともに栄えたのであった。

Q37

越後に入った堀氏が改易されたのはなぜ？

慶長《けいちょう》三年（一五九八）一月、越後《えちご》・佐渡《さど》の領主・上杉景勝《うえすぎかげかつ》が豊臣秀吉の命令で会津《あいづ》（福島県）に移されると、四月には堀秀治《ほりひではる》が四十五万石を得て越後の新領主となった。秀治の父・秀政《ひでまさ》は秀吉の股肱《ここう》の臣として知られた人物であり、秀治自身も秀吉から厚く信頼されていた。秀吉が功臣・秀治を越後に置いた背景には関東の徳川家康《いえやす》を牽制する狙いがあったのだが、同年八月に秀吉がこの世を去ったことで天下の情勢は一変する。次の天下は徳川家にありと見た秀治は、四男・直重《なおしげ》を人質として江戸に送り、家康に忠誠を示したのであった。

しかし、家康からすると豊臣恩顧の大名を完全に信用することはできない。また、秀治が支配する越後は佐渡の金銀を江戸に輸送する際に通る要地である。関ヶ原《せきがはら》の合戦では東軍に味方した秀治だが、近くに外様《とざま》の大藩・加賀《かが》の前田《まえだ》氏がいる以上、いつ両者が手を組んで幕府に反旗を翻すか分からない。こうした理由から、家康は機を見て堀氏を越後から排除しようと考えていたのである。そして、その機はすぐに訪れた。

慶長十一年に秀治が没し、嫡男・忠俊《ただとし》がわずか十一歳で跡を継ぐと、家老・堀直政《なおまさ》が幼君の補佐役として政治の実権を握った。だが、続けて慶長十三年に直政が病死して家老職を嫡子・直次《なおつぐ》（直清《なおきよ》とも）が継ぐと、それを不満とする庶子・直寄《なおより》との間に不和が生じ、やがて御家騒動へと発展した。当然、家康はこれを見逃さない。慶長十五年、この堀氏一族の内紛を理由に、幼君・忠俊には大国を治める器量がないとして堀氏の領地を没収。すかさず堀氏に代わって自分の息子（六男）の松平忠輝《まつだいらただてる》を越後に封じたのであった。なお、騒動のきっかけをつくった直寄は、その後家康に取り立てられ、飯山《いいやま》藩（長野県）、長岡《ながおか》藩などの藩主を歴任している。

堀直寄寿像（新潟県立歴史博物館蔵）

Q38

家康六男の越後高田藩主・松平忠輝はなぜ改易された？

徳川家康は越後《えちご》に六男・松平忠輝《まつだいらただてる》を置いた。そうすることで、外様《とざま》の大藩である加賀《かが》(石川県)の前田《まえだ》家を牽制しつつ、佐渡《さど》運上金銀の輸送路の安全を確保しようとしたのである。しかし、忠輝の越後支配もそう長くは続かなかった。

忠輝が越後入りしたのは、堀《ほり》氏が改易《かいえき》された慶長《けいちょう》十五年(一六一〇)のこと。はじめは堀氏時代に築城された福島《ふくしま》城(上越《じょうえつ》市)に入ったが、すぐに交通の要衝である高田菩《たかだぼ》提《だい》ケ《が》原《はら》(上越市)に新城を築いた。それが高田《たかだ》城だ。高田城は天下普請《ふしん》(幕命で全国の大名に行わせた土木工事)によって慶長十九年に建てられた。陣頭指揮をとったのは、「独眼竜」の異名で知られる仙台城主・伊達政宗《だてまさむね》である。これは政宗の娘・五郎八《いろは》姫《ひめ》が忠輝に嫁いでいた縁によるとされる。

さて、忠輝が高田城に移ってまもなく大坂の陣が始まった。忠輝は同年十一月の「冬の陣」では江戸留守居役を命じられ、翌年五月の「夏の陣」では大和《やまと》方面(奈良県)の大将として出陣。だが、大役を任されたにもかかわらず、忠輝は戦場に遅参してしまう。さらには大坂へ向かう途中、行軍を乱したとの理由で二代将軍・徳川秀忠《ひでただ》(家康は当時大御所)の家臣を斬殺する事件まで起こしたという。

これに怒った秀忠は元和《げんな》二年(一六一六)七月、忠輝に対し、領地没収の上、伊勢朝熊《いせあさま》(三重県)へ配流するという厳しい処分を下した。身内にここまで厳しく対処した背景には、論功行賞に使える領地が不足していた事情もあるという。つまり、大坂の陣の勝利で得られた豊臣家の領地が関ヶ原《せきがはら》の合戦時と比べて少なかったので、ここぞとばかりに忠輝の領地を没収して戦功のあった者に分配したというわけだ。そもそも忠輝は、醜い容貌が原因で赤子の頃から家康に疎《うと》んじられていたともいわれている。

あるいは当時日本に滞在していた外国人宣教師・商人の記録によると、キリシタン大名が連合して忠輝を次期将軍に担ぐ謀反《むほん》計画があったという。これには忠輝の舅・政宗も関係し、スペイン王から援助を受ける準備まで進められていたとされる。真偽のほどはともかく、忠輝の改易に何かしら裏事情があったことは間違いないだろう。

Q39
長岡藩風を示す「牛久保の壁書」とは?

長岡藩《ながおか》は現在の長岡市周辺を領有した中小藩である。元和《げんな》二年(一六一六)七月、越《えち》後《ご》の領主・松平忠輝《まつだいらただてる》が改易《かいえき》されると、長岡の遺領には大坂の陣の功により堀直寄《ほりなおより》が入封した。先に見たとおり、直寄は忠輝以前の越後の領主・堀氏が改易されるきっかけをつくった人物だ。飯沼藩《いいぬま》(長野県)五万石から三万石を加増されての移封であった。はじめ蔵王堂城《ざおうどう》(長岡市西蔵王《にしざおう》)に入った直寄は、現在の長岡駅周辺に新城・長岡城を築こうとしたが、その完成を見る前に今度は村上藩《むらかみ》へと移ることになる。そして、元和四年、直寄に代わって新たに長岡の領主となったのが、長峰藩《ながみね》(上越市《じょうえつ》)五万石から一万二千石を加増されて入封した牧野忠成《まきのただなり》であった。以降、長岡藩は明治にいたるまで牧野氏による支配が続く。

牧野氏は徳川家康《いえやす》が三河《みかわ》(愛知県)にいた頃から仕えてきた譜代《ふだい》大名である。忠成の祖父・成定《なりさだ》の代に家康の家臣となり、父・康成《やすなり》は長篠《ながしの》の合戦をはじめ数々の戦場で武功を立てている。また、忠成自身も大坂の陣で活躍し、家康の家臣として不動の地位を築いたのであった。

さて、その牧野氏が三河時代から心の拠り所としてきたものに「牛久保《うしくぼ》の壁書《へきしょ》」と呼ばれる家訓《かくん》がある。牛久保とはかつて牧野氏が本拠を構えていた場所で、現在の愛知県豊川《とよかわ》市牛久保町《うしくぼちょう》にあたる。牛久保の壁書はのちに「武士の恥辱十七カ条」と呼ばれ、さらに一条追加されて十八条となった。その中身を一言で表わすなら、「質実剛健」である。第一条にはもっとも大切とされた「常在戦場《じょうざいせんじょう》(常に戦場に在り)」の精神が掲げられ、第二条以降も武士の礼儀作法や「貧は武士の常」、「百姓に似るとも町人に似るな」といった心がけが説かれている。なかには、「鼻は欠けても義理は欠くな」、「腰は立たずとも一分を立てよ(一身の面目を保て)」、「士の魂は清水で洗え」といった教えもあり、いずれの条文からも武勇で知られた三河武士としての誇りを失うまいとする気概が感じられる。この牛久保の壁書の教えは牧野氏が三河を離れてからも大切に守られ、牧野氏が長岡藩に移ってからは、藩風として定着していったのであった。

Q40

牧野朝成怪死事件に続く牧野氏の悲劇とは?

寛永《かんえい》八年(一六三一)十二月、長岡《ながおか》藩初代藩主・牧野忠成《まきのただなり》の三男・朝成《ともなり》が謎の死を遂げた。まだ十三歳の少年であった。朝成は当時、長岡藩領の椿沢寺《ちんたくじ》(見附《みつけ》市椿沢町《つばきざわまち》)に幽閉されていたとされるが、その理由についてはよく分からない。また、彼の墓は牧野氏の菩提寺にもないという。朝成は忠成の次男・康成《やすなり》(武成《たけなり》)と四男・定成《さだなり》の間に生まれた子供である。兄の康成はのちに分知《ぶんち》されて与板《よいた》藩(長岡市与板町)の藩主となり、弟の定成も三根山《みねやま》領(新潟市西蒲区《にしかんく》)六千石を与えられてのちの三根山藩の藩祖となった。この兄と弟の間にあって、なぜか朝成だけが幼くして死んだのである。

とにかく謎だらけの朝成の死だが、これ以降、牧野氏にはさらなる悲劇が続く。寛永十四年六月、今度は忠成の異母弟・秀成《ひでなり》がこの世を去った。忠成の命令によって難詰の末に詰め腹を切らされたとも、刺客によって暗殺されたともいわれている。奇しくも秀成は、朝成の死の翌年から、朝成と同じく椿沢寺に幽閉されていたという。

秀成の死にも不明な点は多いが、一説には忠成が秀成を藩政から排除するために殺したといわれている。忠成は元和《げんな》四年（一六一八）に長岡藩に封じられたが、当初は幕府の重臣として江戸に在勤し、藩政にたずさわることができなかった。実際に忠成が自領に足を踏み入れたのは、移封から十二年が過ぎた寛永七年のことだ。その間、長岡の事実上の領主として藩政を代行していた人物こそ秀成だった可能性がある。ならば、長岡に来た忠成が、十二年間の藩政の実績から家中の人望を集めた秀成を見て、自分の地位を脅かす存在だと危険視したとしても不思議ではないだろう。

まだ牧野氏の悲劇は終わらない。秀成の死からわずか十六日後、今度は忠成の嫡子・光成《みつなり》が急死する。光成は家中の評判も良く、嗣子として大いに期待されていた。「光」の一字は三代将軍・徳川家光《いえみつ》から拝領したものだ。長岡藩ではこの光成の死をきっかけに跡継ぎをめぐる御家騒動が起こり、牧野氏は存続の危機に立たされたのである。その後、御家騒動は何とか解決を見るが、事の発端となった光成の死が秀成の死の直後だったことから、秀成の怨霊の仕業ではないかと取沙汰《とりざた》されたという。

Q41

松平光長の治世に起こった「越後騒動」とは？

後世に講談等の題材にもなった「越後《えちご》騒動」とは、江戸時代の初めに高田《たかだ》藩松平《まつだいら》家で起こった御家騒動のことである。

延宝《えんぽう》二年（一六七四）、藩主・松平光長《みつなが》の嗣子・綱賢《つなかた》が四十二歳で病死すると、跡継ぎをめぐって藩内に対立が生じた。評議の結果、新たな跡継ぎは筆頭家老の小栗美作《おぐりみまさか》が推挙した十五歳の万徳丸《まんとくまる》（光長の甥）に決定する。だが、跡継ぎ候補の一人であった光長の異母弟・永見大蔵《ながみおおくら》はこれに異を唱え、次席家老・荻田主馬《おぎたしゅめ》とともに小栗の排斥運動を展開。「小栗は息子の大六《だいろく》（母が光長の妹）を跡継ぎにしようとしたが、見込みがなかったので少年の万徳丸を擁立した。いずれは主家を乗っ取るつもりだ」などと喧伝《けんでん》した。そして、主家のためを思って行動する自分たちを「お為《ため》の方《かた》」と称し、小栗らの一派を「逆意《ぎゃくい》の方」と呼んで騒ぎ立てたのであった。

やがてこの騒動は幕府の知るところとなり、延宝七年には大老・酒井忠清《さかいただきよ》が関係者を江戸の評定所《ひょうじょうしょ》に呼び出して裁判を行った。その結果、小栗側が勝訴し、永見らは処罰を受けることとなった。これにて事件は一件落着したかに思えたが、翌年に将軍・家綱《いえつな》が没し、綱吉《つなよし》が将軍に就任すると、お為の方が再び息を吹き返す。綱吉の将軍就任によって酒井が失脚し、代わりに老中・堀田正俊《ほったまさとし》が幕府内で力を持つようになると、永見らは堀田に働きかけ、綱吉による、先の騒動の再審を勝ち取ったのである。

だが、綱吉の裁定は永見らの予想以上に厳しかった。延宝九年六月、小栗と息子・大六には切腹、永見と荻田には八丈島《はちじょうじま》(東京都)流罪の処分が下され、光長と万徳丸は領地を没収されて他家にお預けの身となった。その他にも大勢の関係者が処分された。

そもそも将軍が自ら裁く「親裁」など前代未聞のことであったが、その背景には綱吉の私憤があった可能性も指摘されている。というのも、家綱の死に際して将軍継嗣問題が起こった時、酒井も光長も綱吉の将軍就任に反対したという経緯がある。綱吉が自ら再審したのは、その時の恨みからではないかというわけだ。あるいは、綱吉はこの親裁を通して徳川一門の抑制と幕府権力の強化をはかったともいわれている。

Q42

稲葉氏が城主になるまで高田城はどう管理された？

高田《たかだ》藩で起こった御家騒動「越後騒動《えちごそうどう》」によって延宝《えんぽう》九年（一六八一）七月に藩主・松平光長《まつだいらみつなが》が改易《かいえき》されると、幕府は高田藩領を直轄領とし、藩庁だった高田城には一年交代で二人ずつの大名を在勤させて城郭、城下の警備に当たらせた。これを「在番《ざいばん》」という。この体制は貞享《じょうきょう》二年（一六八五）に稲葉正通《いなばまさみち》が小田原《おだわら》藩（神奈川県）から高田領に転封を命じられ、その翌年に高田城に入るまで続いたのであった。

在番大名は毎年五月に交替し、各自一年以内の短期間の勤務であったため、責任のある統治を行うことが難しかった。また、在番は大名側に負担が重く、幕府からわずか七百五十人扶持《ぶち》しか与えられなかったため、熱心に政治を行おうとする者もいなかった。さらに、政治の実権を幕府の代官が握っていたという事情もあり、在番大名は、一年間の勤めを無難にこなすという態度で政治に臨んでいたのである。

このように統治体制が盤石でなかったことから、在番時代の高田領では、強盗・放火が続出し、治安がみるみる悪化していった。そのため、領民は自衛のために自治体制を強化し、自分たちの手で消防・警察組織をつくって対処していたのであった。

ちなみに、高田城の在番を経験した大名を順に挙げていくと、最初の一年は松本《まつもと》藩（長野県）の水野《みずの》忠直《ただなお》と新発田《しばた》藩の溝口《みぞぐち》重雄《しげかつ》、二年目は陸奥《むつ》中村《なかむら》藩（福島県）の相馬《そうま》昌胤《まさたね》と三春《みはる》藩（同）の秋田《あきた》輝季《てるすえ》、三年目は棚倉《たなぐら》藩（同）の内藤《ないとう》弌信《かずのぶ》と亀田《かめだ》藩（秋田県）の岩城《いわき》重隆《しげたか》、四年目は上田《うえだ》藩（長野県）の仙石《せんごく》政明《まさあきら》と高島《たかしま》藩（同）の諏訪《すわ》忠晴《ただはる》が勤めた。そして、稲葉氏が高田城に入る直前の貞享二～三年は、はじめ飯田《いいだ》藩（同）の堀《ほり》親貞《ちかさだ》と笠間《かさま》藩（茨城県）の井上《いのうえ》正任《まさとう》が担当したが、途中で親貞が死亡したため、代わって溝口重雄が再び在番を勤めた。いずれも五万石前後の中小藩主である。

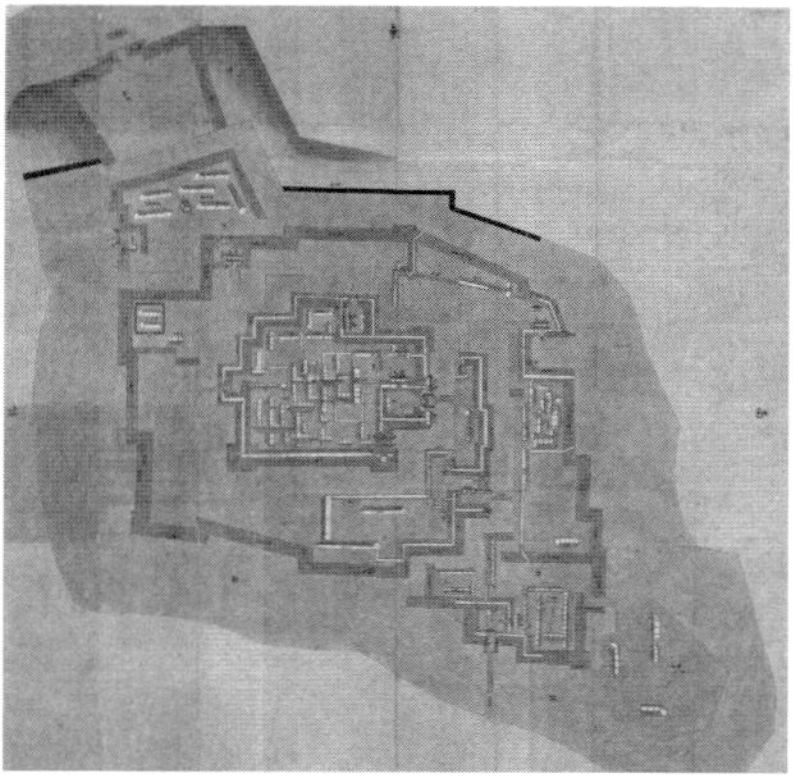

伊達政宗が縄張りした『越後国高田城図』（国立国会図書館蔵）。輪郭式平城であることが分かる

Q43

新発田藩士の息子・堀部安兵衛が赤穂藩に仕官したのはなぜ？

堀部安兵衛《ほりべやすべえ》（武庸《たけつね》）といえば、いわゆる『忠臣蔵《ちゅうしんぐら》』の赤穂《あこう》浪士四十七士のなかでもとくに有名な人物である。主君・浅野内匠頭《あさのたくみのかみ》（長矩《ながのり》）の仇討ちに際しては急進派の代表格となり、四十七士随一の剣豪としても名高いが、彼が越後《えちご》の生まれであることはあまり知られていない。では、越後出身の安兵衛はどういう経緯で播磨《はりま》赤穂藩（兵庫県）に仕えるようになったのだろうか。

安兵衛は寛文《かんぶん》十年（一六七〇）、新発田《しばた》藩士・中山弥次右衛門《なかやまやじえもん》の長男として新発田城下に生まれた。弥次右衛門は二百石知行取りの藩士であり、親戚には家老を勤めた者もいた。だが、その父は本丸の櫓を失火させた責を負って浪人となり、安兵衛が十四歳の時に死亡する。母も安兵衛が幼い頃に病死していた。その後、安兵衛は親戚や姉の嫁ぎ先などに頼りながら剣術修行を始め、十九歳の時に江戸に出て剣客・堀内源左《ほりうちげんざ》衛門《えもん》に師事。剣の腕は日に日に上達し、すぐに高弟の一人として頭角を現した。

さて、安兵衛が二十五歳の時、彼の名を江戸中に響き渡らせる出来事が起こる。それが有名な「高田馬場《たかだのばば》の決闘」だ。安兵衛が堀内道場の同門で伊予《いよ》西条《さいじょう》藩(愛媛県)の藩士・菅野《すがの》六郎《ろくろう》左衛門《ざえもん》の果たし合いに助太刀《すけだち》し、菅野を騙し討ちしようとした相手方の三人を倒すと、これが「安兵衛の十八人斬り」と誇張されて江戸で評判となった。

この決闘の噂を聞きつけて「ぜひ安兵衛を我が家の婿養子に迎えたい」と願ったのが赤穂藩江戸留守居役・堀部弥兵衛《やへえ》である。弥兵衛は他藩士や堀内道場も巻き込んで熱心に安兵衛にアプローチしたという。

堀部安兵衛武庸像(新発田市大手町。新発田市観光協会提供)

対する安兵衛は、中山家再興を願って養子入りを断り続けていたが、「中山姓のままでよい」とまでいう弥兵衛の熱意に打たれた。そして元禄《げんろく》七年(一六九四)、堀部家の婿養子となり、赤穂藩に仕えたのであった。

Q44

幕府を揺るがせた「村上四万石騒動」とは？

宝永《ほうえい》七年（一七一〇）四月、江戸城坂下《さかした》門で老中・井上正岑《いのうえまさみね》に対し、大田《おおた》村の三五兵《さんごへ》衛《え》、杣木《そまぎ》村の新五右衛門《しんごえもん》、燕町《つばめまち》の市兵衛《いちべえ》（いずれも燕市）という村上《むらかみ》藩の領民三人が駕《か》籠訴《ごそ》を敢行した。駕籠訴とは駕籠で通りかかった幕府の上級役人や大名に直訴することであり、越訴《おっそ》（所定の役人より上官に訴えること）の一種として厳罰に処される行為であった。では、この三人は厳罰を覚悟の上で何を老中に直訴したのだろうか。

村上藩は城下周辺以外にも現在の新潟市南部・燕市・三条《さんじょう》市の中之口《なかのくちがわ》川流域に飛地を持っていた。この飛地は当初石高が四万石だったことから「四万石領」と呼ばれた。宝永六年、藩主・本多《ほんだ》氏の家督相続の問題から十五万石あった藩領が三分の一の五万石に削減されると、それにともなって四万石領では天《てん》領に編入される地域と、藩領として残留する地域が生じた。これに不服を唱えたのが、後者の地域の領民だった。大名領と天領では天領のほうが年貢その他の税負担が少なかったからである。

また、四万石領には「大庄屋《おおじょうや》」と呼ばれる地方役人が存在し、中間搾取を行っていたことも領民の負担が大きくなる要因であった。大庄屋は、藩から下された公共事業費を労働者に支払わずに自分の懐に入れたり、百姓を私用に使役したりと数々の不正を行っていた。四万石領に藩領残留地域が生じたのも、彼らが既得権益を失うまいと画策した結果であった。長年の重い負担に耐えかねた四万石領民は自分たちの村の天領編入を訴えて、まず黒川《くろかわ》陣屋（胎内《たいない》市）の幕府代官に嘆願書を提出した。だが、その願いは聞き届けられなかった。次に冒頭の三人が代表して江戸の勘定《かんじょう》奉行に越訴したが、それも失敗に終わる。そこで、いよいよ最後の手段として老中への駕籠訴を敢行したというわけだ。だが、それでも四万石領の天領編入は成就しなかった。

これに失望した領民は年貢不納運動を起こして幕府に強く抗議した。事態を重く見た幕府が訴状をもとに四万石領の実態調査に乗り出したところ、大庄屋の悪行が明らかとなった。結局、四万石領の天領編入は実現しなかったが、この騒動の影響は大きく、正徳《しょうとく》三年（一七一三）には天領での大庄屋制が廃止されたのであった。

Q45

江戸時代の越後の特産品とは？

江戸時代、農村の経済が自給自足から商品生産へと発展すると、県域から多くの特産品が生まれた。

越後《えちご》最大の産物として当時から有名だったのは米である。県域は近世を通じて行われた新田開発で飛躍的にその石高を伸ばした。江戸時代の末には越後・佐渡《さど》の合計石高は百三十万石にも達し、毎年五十万石もの米を市場に供給していたという。

米作りと関連して、大きな川が多く、雪解け水も豊富な越後では各地で酒造も盛んに行われた。幕末の頃にはとくに片貝《かたかい》(小千谷《おぢや》市)が酒の産地として知られていた。

川との関連でいうと、信濃川《しなのがわ》では鮭漁が盛んに行われていた。秋の初鮭は早馬で江戸に送られ、将軍家に献上されるのが恒例であった。また、信濃川、五十嵐《いからし》川、中之《なかの》口《くち》川が流れる低湿地にあり、たびたび水害に悩まされた三条《さんじょう》・燕《つばめ》周辺では、和釘の生産が農民の副業として定着していた。江戸時代後半の同地域は江戸の建築を支える釘の一大産地となっていたという。その技術は包丁や鋏《はさみ》、鍬《くわ》、鋤《すき》、鋸《のこ》などの刃物生産にも生かされ、今日の伝統工芸品「越後三条打刃物」へと受け継がれている。

その他、我が国北限の茶として知られた村上《むらかみ》の茶、大久保《おおくぼ》(柏崎《かしわざき》市)の鋳物、小千谷の蠟《ろう》なども生産が盛んだったが、越後の名産として忘れてはいけないのが織物である。

越後の麻布は戦国時代には米、金銀とともに上杉謙信《うえすぎけんしん》の軍事行動を支える大きな財源の一つであったが、十七世紀後半になると技術改良によって「越後縮《ちぢみ》」の名で広く商品生産化された。中心地は魚沼《うおぬま》・小千谷周辺で、今日ではその生産技術が「小千谷縮・越後上布」として国の重要無形文化財に指定されている。農家の女性の副業として生産され、栃尾《とちお》(長岡《ながおか》市)の紬《つむぎ》とともに越後の二大織物として知られた。

現在に継承された名産・越後上布（塩沢織物工業協同組合提供）

Q46
天領出雲崎に生まれた「良寛さん」とはどんな人?

江戸時代を代表する名僧・良寛《りょうかん》は宝暦《ほうれき》八年(一七五八)、天領《てんりょう》・出雲崎《いずもざき》(三島郡《さんとう》)の名主と石井《いしい》神社の神職を代々兼任した山本《やまもと》家の長男として生まれた(宝暦七年生まれとも)。日本史上有数の高名な僧の一人だが、己を語ることが少なかった。そのため、彼の生涯については、天保《てんぽう》二年(一八三一)一月に島崎《しまざき》村(長岡《ながおか》市)の木村家でこの世を去ったという以外、分からないことが多い。謎が多い人物なのである。そもそも、なぜ出家したのかもよく分かっていない。少年時代は儒学者・大森子陽《おおもりしよう》が地蔵堂《じぞうどう》(燕《つばめ》市)に開いた私塾「三峰館《さんぽうかん》」で学び、十八歳の頃に名主の跡取りの座を捨てて、実家の隣町・尼瀬《あまぜ》(三島郡)にある光照寺《こうしょうじ》(曹洞《そうとう》宗)に入ったという。一説には複雑な家庭環境のために出家を決意したのではないかといわれている。その後、安永《あんえい》八年(一七七九)から国仙《こくせん》和尚に師事して備中《びっちゅう》国(岡山県)の円通《えんつう》寺で厳しい修行を積み、寛政《かんせい》二年(一七九〇)には偈《げ》(修行証書)を与えられた。翌年、師の逝去を機に諸国行脚に出かけるが、寛政八年に越後に帰国するまでの事績はよく分からない。唯一、土佐《とさ》(高知県)でその姿を見たという記録があるだけである。帰国後は越後国内を転々とした後、文化《ぶんか》二年(一八〇五)から国上山《くがみやま》(燕市)の国上寺《こくじょう》五合庵《ごごうあん》や、その麓にある乙子《おとご》神社境内の草庵に住み、晩年には木村家の草庵に移って生涯を閉じたのである。

良寛は詩歌に通じ、書にも秀でていたが、それらで身を立てていたわけではない。また、民衆に難しい説法をしていたわけでもない。経も読まず、葬式もしなかった。何をするわけでもないのに、自然と人びとから慕われていたのである。行く先々で子供たちとよく遊んだという逸話が伝えられ、晩年には弟子の貞《てい》心尼《しんに》と恋仲にあったともいわれる。僧である以前に、一人の人間として魅力にあふれた人物だったのだろう。

良寛托鉢像(長岡市島崎・隆泉寺。長岡市商工部観光企画課提供)

Q47
江戸時代の佐渡金山の盛衰とは?

佐渡《さど》金山は十七世紀から二十世紀にかけて日本最大の産金量を誇った鉱山である。発見から閉山までの約四百年間で累計金七十八トン、銀二千三百トン、銅五千トンを産出し、日本のみならず世界の経済に大きな影響を与えた。その隆盛は、慶長《けいちょう》六年(一六〇一)に鶴子《つるし》銀山(佐渡市沢根五十里《さわねいかり》)の山師・三浦治兵衛《みうらじへえ》らが「道遊《どうゆう》の割戸《われと》」と呼ばれる金銀の一大露頭を発見したことに始まる。徳川家康《いえやす》の直轄領である佐渡には、鶴賀《つるが》(福井県)の豪商・田中清六《たなかせいろく》が代官として派遣され、金山経営を任された。清六は請負人に一年間一山まるごと請け負わせて税(運上《うんじょう》金銀)を収めさせる従来の方式ではなく、山を鉱区ごとに短期間解放する自由採掘方式を採用した。その際、税額を採掘者に決めさせ、一番高い額を申し出た者にその鉱区を請け負わせたのである。税以外は自分の取り分だから、山師は競って鉱石を掘り出し、家康のもとには莫大な金銀が運ばれた。だが、無計画な採掘が繰り返された結果、山は一気に荒廃し、運上高も次第に減っていったのだった。

清六が慶長八年に罷免されると、翌年、佐渡奉行に任じられて金山経営を任されたのが大久保《おおくぼ》長安《ながやす》だ。長安は荒れた坑道を整備する一方、都市計画に沿って日本最大の鉱山都市・相川《あいかわ》をつくり、専門別に職人や商人を住まわせた。また、港をつくって不足物資を他国から調達し、人口増加にともなう物価高騰も抑えている。これらの政策により慶長十八年の長安の死後も金山経営は安定し、技術革新と相まって元和《げんな》期（一六一五～二四）には最盛期を迎えた。だがその後は、産金量が急速に減少。元禄《げんろく》三年（一六九〇）に佐渡奉行となった荻原重秀《おぎわらしげひで》が莫大な公費を投じて採掘体制を整えたことで息を吹き返したが、それも一時的なものにとどまった。以降、佐渡金山は過去の栄光を取り戻すことなく衰退していったのである。

佐渡金山の小判鋳造再現風景（金山資料館蔵。株式会社ゴールデン佐渡 史跡佐渡金山提供）

Q48

「越後七不思議」とは？

新潟県には「越後七不思議《えちご》」と呼ばれるものが今日に伝えられている。その中身は浄土真宗《じょうどしん》の開祖・親鸞《しんらん》にまつわるものと、橘崑崙《たちばなこんろん》が文化《ぶんか》九年（一八一二）に刊行した『北越奇談《ほくえつきだん》』関連のものに大別される。

親鸞にまつわる七不思議とは、親鸞が越後に流されていた時、その教えの正しさやありがたさから珍しい動植物が生まれたと伝えるものだ。次のようなものがある。

①逆竹《さかさだけ》（親鸞が竹杖を地面に刺すと芽を出して根をはり、枝が地面に向かって生えた。新潟市、西方寺《さいほうじ》）②八房梅《やつふさのうめ》（親鸞が梅の種を植えたら一つの花から八つ実ができた。阿《あ》賀野《がの》市、梅護寺《ばいごじ》）③三度栗《さんどぐり》（親鸞が焼き栗を植えたら一年に三度実ができた。阿賀野市、孝順寺《こうじゅんじ》）④数珠掛桜《じゅずがけざくら》（親鸞が桜の枝に数珠を掛けたら数珠のように花が繋がって咲くようになった。阿賀野市、梅護寺）⑤繋榧《つなぎがや》（親鸞が榧の実を植えると生えてきた木には糸

を通せる小穴の開いた実がなった。南蒲原《みなみかんばら》郡、了玄《りょうげん》寺)⑥焼鮒《やきふな》(親鸞が食前の焼鮒を池に放ったら生き返って泳ぎだした。新潟市、田代《たしろ》家)⑦片葉《かたは》の芦《あし》(親鸞が神社に参詣して念じると一夜にして境内の芦が片葉になった。上越《じょうえつ》市、居多《こた》神社)。

他にも、「波切り名号《みょうごう》(親鸞が南無阿弥陀仏《なむあみだぶつ》を筆で書くと嵐が静まった。新潟市、鈴《すず》木《き》家)」などの別の不思議が代わって入ることもあるが、これらは戦国時代から次第に語られるようになり、江戸時代になって定着したと考えられている。

一方、親鸞の七不思議ほど有名ではないが、『北越奇談』関連の七不思議は巷で語られている不思議な出来事を集めたものであり、自然現象に関するものが多い。崑崙によると、それらは諸説合わせると七つどころか二十四もあるという。

そのすべてをここで紹介することはできないが、「燃土《ねんど》(燃える土)」、「燃水《ねんすい》(燃える水。石油)」、「火井《かせい》(天然ガスが出る土地)」など越後に特有な石油や天然ガスと関連した自然現象が挙げられているのがおもしろい。『北越奇談』は挿絵の大部分を『富《ふ》嶽三十六景《がくさんじゅうろっけい》』で有名な葛飾北斎《かつしかほくさい》が担当したことでも注目され、のちに紹介する鈴木牧《ぼく》之《し》の『北越雪譜《ほくえつせっぷ》』とともに当時の人びとの越後に対する関心を掻き立てたのであった。

Q49

生田万はなぜ柏崎陣屋を襲撃した?

天保《てんぽう》八年(一八三七)六月、国学者・生田万《いくたよろず》がわずか六名の同志とともに大久保《おおくぼ》(柏崎《かしわざき》市)にある柏崎陣屋(三重県桑名《くわな》藩の陣屋)を襲撃する事件が発生した。その時、彼らの掲げていた二本の白旗には「奉天命誅国賊」、「集忠臣救窮民」(あるいは「集忠義討暴逆」)と書かれていたという。

生田は享和《きょうわ》元年(一八〇一)、館林《たてばやし》藩(群馬県)の藩士・生田信勝《のぶかつ》の長男として生まれた。幼い頃から詩文を好み、少年時代は藩校で朱子学を学んだ。国学者・平田篤胤《ひらたあつたね》の著作を読んで国学に目覚めると、二十四歳になった文政《ぶんせい》七年(一八二四)には江戸へ出て平田塾に入門。一時は篤胤の養子となって代講《だいこう》を務めるほど頭角を現した。

熱血漢だったという生田は館林藩の藩政を憂い、文政十一年に藩政改革の意見書『岩にむす苔』を提出したが、当局の怒りに触れて藩を追われてしまう。その後、平田塾の同門で柏崎神社の神職・樋口英哲《ひぐちえいてつ》に誘われて妻子とともに柏崎に移り、「桜園塾《おうえんじゅく》」という私塾を開いた。冒頭の襲撃事件のほぼ一年前、天保七年九月のことであった。近隣の富商、豪農、町役人らが生田の門人となってこの塾で学んだ。

ところで、当時は全国各地で毎年のように凶作が続き、餓死者を多数出した「天保の大飢饉」の最中にあった。その被害は米どころの越後といえども例外ではなく、柏崎の領民も暴騰する米の値段に日々苦しんでいた。だが、その裏では商人が陣屋の役人と結託して米を買いあさり、暴利をむさぼっているという事実もあった。生田はそれに怒りを爆発させて、無謀ともいえる冒頭の陣屋襲撃に及んだのである。その四か月前の天保八年二月には大坂で町奉行所与力《よりき》・大塩平八郎《おおしおへいはちろう》が貧民救済のために挙兵していたが(大塩平八郎の乱)、生田らの決起はそれに触発されてのものであった。彼らは陣屋襲撃時、自らを大塩平八郎の門弟と称していたという。

結局、生田万の乱は失敗に終わり、あっさりと鎮圧された。生田は逃亡中に柏崎の海岸で自害。彼の妻子もその跡を追った。だが一方で、この乱が社会に与えた影響は大きく、事件後、米商人は米の安売りを行い、陣屋も救済米を放出したのであった。

Q50

鈴木牧之の『北越雪譜』はなぜ江戸の人に受けた？

天保《てんぽう》八年（一八三七）、江戸文渓堂《ぶんけいどう》からある一冊の本が出版されると、たちまち江戸中で評判となった。その人気は「これを置かぬ貸本屋には客が来ぬ」とまでいわれるほどだったという。その本とは、越後《えちご》の文人・鈴木牧之《すずきぼくし》が著わした『北越雪譜《ほくえつせっぷ》』という地誌である。そこには越後の人びとの暮らしぶりが自然や生物、仕事、伝承、民俗行事から子供の遊びまで詳細に述べられているが、江戸の人びとを一番驚かせたのは、もっとシンプルなものだった。それは雪国の圧倒的な降雪量である。わずか一昼夜のうちに多い時では一丈（約三メートル）もの雪が積る、雪の重さで家屋が潰される、などのエピソードは、雪国の人間にとっては当たり前のことでも、江戸の人からすると想像をはるかに超えた未知の世界だった。『北越雪譜』にはそんな豪雪地帯で生活する人びとの哀歓が豊富な挿絵とともに生き生きと描かれている。それが江戸の人の雪国に対する興味を刺激し、好評を博したのである。

だが、『北越雪譜』が出版にいたる道のりは決して楽なものではなかった。塩沢《しおざわ》(南《みなみ》魚沼《うおぬま》市)出身の牧之は自身を田舎作家だと自覚していた。そのため、当初は滝沢馬琴《たきざわばきん》、山東京伝《さんとうきょうでん》ら江戸の人気作家に出版協力を呼びかけたが、採算が問題視されるなどして、なかなか実現にはいたらなかった。また、出版を引き受ける者が現われても、実現する前に死没されることもあった。紆余曲折を経て最終的に山東京山《きょうざん》(京伝の弟)の協力により、ようやく出版にこぎつけたのである。牧之が最初に越後を題材にした本を出版しようと考えたのは、まだ彼が二十代半ばの寛政《かんせい》七年(一七九五)頃だったというから、天保八年の刊行はじつに四十年越しの夢が叶った瞬間であった。牧之は病床にありながら世間待望の続編を天保十二年に刊行し、翌年、七十三歳で没した。

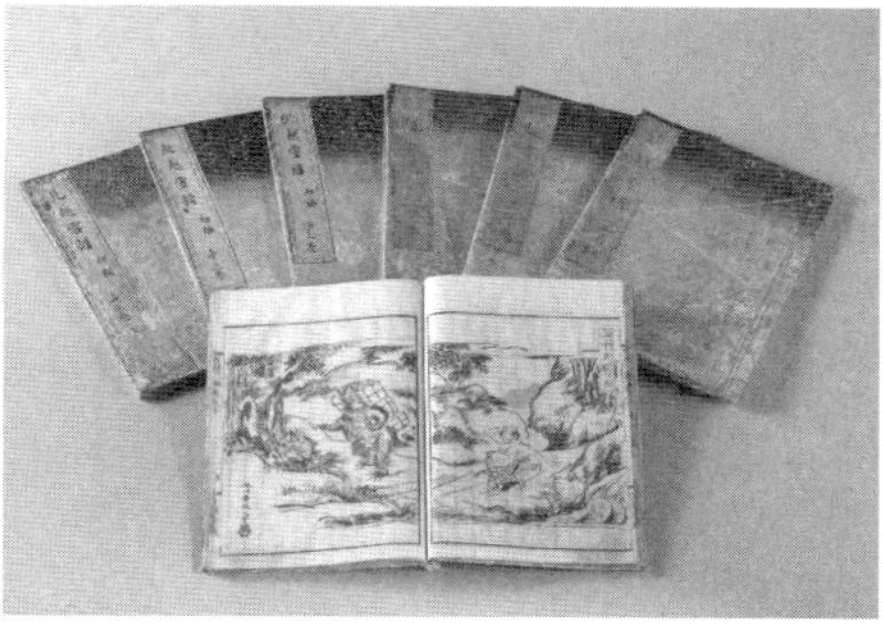

鈴木牧之が書いた『北越雪譜』(新潟県立歴史博物館蔵)

Q51

蝦夷地開発の第一人者・松川弁之助とは？

村上《むらかみ》藩領蒲原《かんばら》郡井栗《いくり》村（三条《さんじょう》市）の大庄屋・松川弁之助《まつかわべんのすけ》は、幕末における蝦夷地（北海道）開拓の第一人者だ。

安政《あんせい》元年（一八五四）、幕府は箱館《はこだて》奉行を設置し、その翌年には蝦夷地《えぞち》全体を天領《てんりょう》にするなど、積極的に蝦夷地経営に乗り出した。以前から南下の脅威がささやかれていたロシアへの備えからである。弁之助はこれを機に蝦夷地開発を藩主・内藤信親《ないとうのぶちか》に出願する。蝦夷地の開発にかかわることは、父・三之助《さんのすけ》の代からの夢であった。三之助はすでにこの世を去っていたが、生前には蝦夷地の図面などを信親に進呈するなど、蝦夷地開発に関心を抱き続けていたのである。

さて、当時老中として幕府の中枢にあった信親は、弁之助の提案を国策に沿うものとして直ちに許可した。これを受けて弁之助は安政二年、大庄屋の職を息子の和三郎《わさぶろう》に譲り、箱館（函館市）に渡った。その後は山林原野を開墾し、弁天岬砲台《べんてんみさきほうだい》の建設をはじめ、日本初の西洋式城郭・五稜郭《ごりょうかく》の築城工事にも参加。五稜郭の築城では土塁と堀の土木工事を九万八千両で請け負い、見事に成功させている。また、それらと並行してライバルがまだ手をつけていなかった樺太《からふと》奥地の漁場開拓にも乗り出すなど、その行動力は目覚ましかった。だが、この漁場開拓では厳しい寒さや病気の流行などから失敗に終わり、安政六年七月には撤退を余儀なくされたのであった。

文久《ぶんきゅう》二年（一八六二）、弁之助は失意のうちに故郷に帰ったが、その開拓精神は後進に受け継がれた。丸井今井《まるいいまい》の創業者・今井藤七《とうしち》、ニチロの創業者・堤清六《つつみせいろく》はともに三条市出身である。また、明治から戦前にかけて北海道に移住した開拓者のうち新潟県出身は青森、秋田に次いで三番目に多いという。ちなみに、弁之助が北海道に残した足跡は、今日の函館市にある「松川町」という地名にも見ることができる。

松川弁之助肖像（『贈従五位松川弁之助君事蹟考』より。函館市中央図書館蔵）

Q52

河井継之助の藩政改革とは？

長岡《ながおか》藩の財政は、幕末期には火の車になっていた。嘉永《かえい》二年(一八四九)時点の藩の借財は二十三万両にも及んでいたという。一方で藩当局もこの状況をただ放置していたわけではなく、身分を問わず人材登用を行って藩政改革を実施し、難局を何とか乗り越えようとした。だが、それが実現するのは、戊辰《ぼしん》戦争で長岡藩を主導したことで知られる河井継之助《かわいつぐのすけ》(「つぎのすけ」とも)の登場を待たねばならなかった。

河井継之助は長岡藩士の子として文政《ぶんせい》十年(一八二七)に生まれた。河井家は家禄百二十石の中級藩士である。三十一歳で家督を継いだ継之助は、慶応《けいおう》元年(一八六五)に藩主・牧野忠恭《まきのただゆき》に抜擢されて郡《こおり》奉行に就任。ここから藩政改革に携わるようになると、その後も出世を重ね、最終的には家老として藩政を主導する立場となった。

継之助が実施した改革は多岐にわたる。遊郭の禁止や奢侈《しゃし》の矯正《きょうせい》などをとおして藩内の風紀を正したほか、寄場《よせば》（収容所）を新設し、軽犯罪の場合は追放するのではなく更生させて社会復帰させる方向に改めた。また、株仲間の特権を改めて自由商品を一部解禁したほか、河税の廃止、収納米の藩営などをとおして財政を立て直している。火の車だった藩財政には十万両もの余剰金ができたという。そして、その資金で外国商人から多くの洋式兵器を購入し、軍制も洋式に改めたのであった。軍制改革との関連では、二百五十年間守られてきた禄高を見直したことが注目される。百石を基準に、多い者は減高、少ない者は増高された（全員が百石になったわけではなく、禄高に応じて段階的に増減高された）。先祖の軍功に基づく禄高を改正することで門閥を弱体化し、藩主集権の強力な近代軍隊をつくることを目指したのである。だが、この禄高・兵制一体改革は、その成果を見る前に、戊辰戦争の勃発によって消滅したのであった。

藩政改革に手腕を発揮した河井継之助
（長岡市立中央図書館蔵）

Q53

新潟で「佐幕派」として活躍したスネル商会とは？

慶応《けいおう》四年（一八六八）一月の鳥羽《とば》・伏見《ふしみ》の戦いに始まり、薩長《さっちょう》新政府軍（官軍）と旧幕府軍が激しく争った戊辰《ぼしん》戦争。その裏では多くの外国人商人が日本人に武器弾薬を販売していた。そして、当時の新潟で「佐幕《さばく》派」武器商人として旧幕府軍（奥羽越列藩《おううえつれっぱん》同盟《どうめい》軍）の軍事力を支えていたのがスネル商会であった。

スネル商会は、オランダ出身とされるヘンリー・スネルとその弟エドワルド・スネルの兄弟が横浜で武器販売を含むさまざまな商売をしていたことに始まる。鳥羽・伏見の戦いの直後、長岡《ながおか》藩家老・河井継之助《かわいつぐのすけ》は横浜の貿易商ファーブル・ブラントから最新鋭の火器・ガトリング砲を一門三千両（五千両とも）で二門購入しているが、スネル商会はその仲介を担ったという。当時、継之助は藩政改革を主導する最中にあり、先に見た長岡藩の洋式武器の導入はこのスネル商会を窓口に行われていたのである。

その後、スネル商会は、継之助を介して会津藩とも取引をするようになると、兄ヘンリーが同年四月に軍事顧問として会津藩《あいづ》に招かれて移住。藩主・松平容保《まつだいらかたもり》から日本刀大小や衣服、城下の屋敷のほか、「平松武兵衛《ひらまつぶへえ》」という日本名まで与えられた。

一方、弟エドワルドは同年五月に新潟に移住し、勝楽寺《しょうらくじ》（新潟市）を本拠にスネル商会の新潟支店を設立。兄と連携して東北諸藩に武器を調達した。そのなかで東北諸藩の要人に軍艦購入の必要性と外人部隊を招聘《しょうへい》して戦力を増強することを説き続けたという。また、新政府軍に対して自ら大砲で攻撃するなど、まさに戦う武器商人であった。エドワルドが東北諸藩に販売した武器の総額は十四万ドルを超えたとされる。

当時の新聞に描かれた帯刀姿のヘンリー・スネル

戦後、兄は日本人を連れて渡米し、入植地「ワカマツコロニー」を開拓するが失敗。その後の詳細は定かでない。弟は明治政府に戦時中の旧藩の負債、略奪被害に対する損害賠償訴訟を起こし、四万ドルを得て日本で商売を続けた。

Q54

長岡藩の「武装中立」はなぜ失敗した？

慶応《けいおう》四年（一八六八）一月に戊辰《ぼしん》戦争が始まると、長岡《ながおか》藩家老・河井継之助《かわいつぐのすけ》は横浜の貿易商ファーブル・ブラントから当時最新鋭の火器であるガトリング砲を二門購入した。そこに「佐幕《さばく》派」の武器商人スネル兄弟が仲介していたことは先に見たとおりである。当時、ガトリング砲は日本にまだ三門しかなかったため、そのうち二門を継之助が手に入れたということになる。また、継之助はこの時、元込め式の小銃（銃身の後ろから装塡するタイプの銃）を数百挺も合わせて購入するなど、一気に長岡藩の戦力増強をはかったのであった。といっても、それは新政府軍との戦いに備えての行動ではない。当時の継之助が目指していたのは「武装中立」であり、究極の目標は薩長《さっちょう》と会津《あいづ》を和解させて戦争を回避することにあった。どちらにも味方しないためには、長岡藩の独立を守るための武力が必要である。そのための戦力増強であった。

だが、長岡藩の「武装中立」はあっさりと失敗に終わる。それは、同年五月二日に小千谷《おぢや》の慈眼寺《じげんじ》で行われた、継之助と新政府軍の代表・岩村精一郎《いわむらせいいちろう》との会談においてであった。世にいう「小千谷談判《だんぱん》」である。岩村は代表といってもまだ二十歳を過ぎたばかりの若者であり、対する継之助はすでに四十歳を超えていた。継之助が長岡藩の置かれた立場を説明し、薩長と会津の調停を提案しても、岩村は「会津討伐に加わらねば敵と見なす」と高圧的な態度を崩さなかった。継之助が「藩論をまとめるのに時間がほしい」といっても、長岡藩の内情を知る岩村から「戦力を整える時間稼ぎではないか」と疑われる始末。最新鋭の武器購入が仇となったのである。あるいは、聞く耳をもたない岩村の無礼な態度に継之助が憤慨したともいわれるが、とにかく交渉は決裂し、長岡藩は「武装中立」から「徹底抗戦」へと路線変更したのであった。

「武装中立」のために購入されたガトリング砲(複製。河井継之助資料館蔵。長岡市商工部観光企画課提供)

もっと知りたい歴史こばなし ④

樺太"島"を発見した北方探検家・松田伝十郎

樺太《からふと》（サハリン）が島であることを"発見"したのは、幕臣・間宮林蔵《まみやりんぞう》ということになっている。しかし、同じ幕臣ではあるが、松田伝十郎《まつだでんじゅうろう》のほうが早かった。

伝十郎は、頸城《くびき》郡鉢崎《はっさき》（柏崎市）農民・浅貝源右衛門《あさがいげんえもん》の長男だった。江戸に出て、旗本の松田家の養子となった人である。幕府役人として、寛政《かんせい》11年（1799）から蝦夷地《えぞち》に派遣されている。箱館奉行調役元締《はこだてぶぎょうしらべやくもとじめ》となった伝十郎は、幕命で樺太探検を実行した。文化《ぶんか》5年（1808）のことである。当時、奉行所雇《やとい》だった間宮林蔵を部下として宗谷《そうや》を出発。伝十郎は西岸、林蔵は東岸から小舟で樺太を北上し、6月19日伝十郎はラッカ岬に到達した。ここで海藻に北上を阻まれながらも、眼前に大陸を見、潮流や先住民の情報から樺太が島であることを断定したのである。林蔵はその翌年、海峡を越え大陸に渡った。

にもかかわらず、海峡の名が林蔵の名になったのは、幕末に来日したシーボルトが自著『日本』で、「間宮の瀬戸《せと》」として公表したためである。シーボルトが入手した地図は、林蔵原図の写しだったのだ。

第5章

新潟県の近代

信濃川大河津分水工事自在洗堰（じざいあらいぜき）（新潟県立歴史博物館蔵）。明治42年（1909）からの難工事の末、大正11年（1922）に洗堰・自在堰・固定堰の各施設と分水路が完成し、通水が実現。写真は、新潟市在住の郷土史家・故笹川勇吉氏旧蔵の約２万枚に及ぶ絵はがきコレクションの１枚。

第5章 時代をよむ

戊辰戦争が生んだフロンティア・スピリッツ

慶応《けいおう》四年（一八六八）に始まった戊辰《ぼしん》戦争は江戸における彰義《しょうぎ》隊との戦闘を経て、東日本へと拡大する。

迫り来る新政府軍に対し、越後《えちご》各藩の対応はさまざまであった。家老・河井継之助《かわいつぐのすけ》の指導のもと局外中立をもくろんだが失敗し、奥羽越列藩《おううえつれっぱん》同盟に加わって新政府軍と激闘を演じた長岡《ながおか》藩。一時列藩同盟に加わったものの、藩の存続のため新政府軍に味方した新発田《しばた》藩や三根山《みねやま》藩。与板《よいた》藩は当初から新政府側につき、高田《たかだ》藩は長岡攻めに参加している。

会津《あいづ》藩の降伏により東日本の戦火は収まったものの、越後地方には大きな戦争の爪痕が残された。なかでも長岡藩は石高を半分以下に減らされたため財政が逼迫《ひっぱく》。苦しい立場に追い込まれながらも、『米百俵の精神』で知られる学問振興策をとり藩の復活を図ったが、明治三年（一八七〇）柏崎《かしわざき》県に併合され姿を消している。

戦争の混乱が収まると、開国以来にわかに需要の高まった石油を求めて県外の商人が新潟に進出。県民の事業意欲も刺激され、明治二十年代には一大石油開発ブームが起こった。このなかから宝田《ほうでん》石油や日本石油といった大企業が誕生し、石油産業に牽引されて県内の化学・機械工業も発展を遂げている。

また明治期の新潟県からは多くの経済人が登場した。若き日に河井継之助の薫陶を受け商人を志した古志《こし》郡小貫《こつなぎ》村（長岡市）出身の外山脩造《とやましゅうぞう》は、のちに関西財界に名を馳せる企業家となり、アサヒビールをはじめ多くの企業を育てている。蒲原《かんばら》郡新発田町（新発田市）に生まれ、鉄砲商から身を起こして戦前の日本を代表する財閥・大倉《おおくら》財閥を作り上げた大倉喜八郎《きはちろう》。地元岩《いわ》の原《はら》でワイン用葡萄《ぶどう》の生産に一生を捧げた川上善兵衛《かわかみぜんべえ》など、いずれも桁外れのスケールを持った企業家ばかりである。

粘り強い新潟県人の心に火を着け、戊辰戦争によって痛手をこうむり多くを失ったことが、かえってフロンティア・スピリッツにあふれる企業や人材を生み出したといえるのではないだろうか。

Q55

大洪水がもたらした「大河津分水騒動」とは？

信濃川《しなのがわ》沿岸の蒲原《かんばら》平野一帯は洪水の多発地帯として知られていた。慶応四年（一八六八）には戊辰《ぼしん》戦争の戦場となったうえに大洪水にも襲われ、周辺住民は大きな痛手を受けている。

たまりかねた沿岸の農民たちは新政府に対し、三島《さんとう》郡大川津《おおかわづ》村（燕市《つばめ》）からの分水路開削を願い出た。これは大川津から西へ新たな水路を開削し、信濃川の水を日本海へ落とすという案で、もともと享保《きょうほう》年間（一七一六〜三六）に寺泊町《てらどまりまち》（長岡《ながおか》市）の豪商・本《ほん》間数右衛門《まかずえもん》から請願が出された計画だったが、当時は許可されなかった。

周辺各藩の要望もあり、新潟府は明治二年に全額官費による分水工事の施工を決定するが、資金不足から計画は白紙に戻され、翌明治三年七月に政府が民部省の直轄事業として大河津《おおこうづ》分水工事を開始する。

しかし当初官費による負担が約束されていた工事費の三割が地元各町村の負担とされたうえ、労働力の提供も強いられた地元農民の間には次第に不満が募っていった。

過度の負担に耐えかねた農民の怒りは一揆《いっき》という形で爆発する。明治五年四月三日、八王子《はちおうじ》村（燕市）の川崎九郎治《かわさきくろうじ》に率いられた千数百名の農民が大挙して柏崎《かしわざき》県庁（柏崎市）を目指したのである。さらに五日夜には加茂新田《かもしんでん》（加茂市）の入江市郎左衛門《いりえいちろうざえもん》・西《にし》潟五郎七《がたごろうしち》と会津《あいづ》藩浪士・渡辺悌輔《わたなべていすけ》らの扇動で農民約三千人が決起し、七日朝から新潟を目指した。この一連の一揆は渡辺の名を取って「悌輔騒動」とも呼ばれる。

彼らは分水工事の負担金免除、年貢・諸税の現状維持などを要求し、工事に賛成する庄屋宅などを襲撃した。一揆の背景には工事への不満のほか、政府の神仏分離令を機に巻き起こった廃仏毀釈《はいぶつきしゃく》運動への反発もあったという。新発田の鎮台兵が出動したことで八日には鎮圧されたものの、明治八年に分水工事は中止に追い込まれる。

工事が再開されたのは明治四十二年七月のこと。大正十一年（一九二二）八月二十五日に通水され、大河津分水（新信濃川）が完成する。これにより流域住民はたび重なる水害からようやく解放されたのである。

Q56 新潟県成立の複雑な経緯とは？

幕末の越後《えちご》国には、村上《むらかみ》・新発田《しばた》・黒川《くろかわ》・三日市《みっかいち》・村松《むらまつ》・三根山《みねやま》・長岡《ながおか》・与板《よいた》・椎《しい》谷《や》・高田《たかだ》・清崎《きよさき》の十一藩の藩領と幕府直轄領、国外の諸藩領が入り組み混在していた。戊辰《ぼしん》戦争まっただなかの慶応《けいおう》四年（一八六八）四月、新政府は幕府直轄領を直接統治するため「新潟裁判所」と「佐渡《さど》裁判所」を設置する。

続いて翌五月には越後地方統治の拠点として新潟裁判所を改め「越後府」を設置。七月には北陸道鎮撫副総督《ちんぶふくそうとく》の四条隆平《しじょうたかとし》を県知事とする「柏崎《かしわざき》県」を置いた。越後府は同年九月に「新潟府」と改称して水原《すいばら》（阿賀野《あがの》市）に府庁を置き、佐渡裁判所は廃され「佐渡県」が設置される。

明治と改元されたのちの同年十二月、新政府は越後十一藩の存続を認めるが、新政府に頑強に抵抗した長岡藩だけは所領を古志《こし》・三島《さんとう》郡内の計二万四千石とされ、藩主・

牧野忠訓《まきのただくに》の謹慎など厳しい処分が下されている。

翌明治二年（一八六九）二月になると新潟府が廃されて「越後府」が復活。佐渡・柏崎をも支配下に置き、新潟府は縮小され「新潟県」となった。

さらに同年七月、越後府は「水原県」と改められ、「佐渡県」と「柏崎県」が復活。水原県は新潟県を併合するが、翌明治三年三月には「新潟県」と改称している。

所領の多くを没収された長岡藩は藩財政が窮乏。藩をあげて財政再建に努めたものの果たせず、明治三年十一月に廃藩となり柏崎県に合併された。

明治四年七月に実施された廃藩置県により、村上・新発田・黒川・三日市・村松・与板・椎谷・高田・清崎・三根山改め峰岡《みねおか》の十藩はそれぞれ県となり、新潟・柏崎・佐渡の直轄三県とあわせ十三県が成立する。続いて同年十一月に行われた府県の整理により、「新潟県」（新潟・村上・新発田・黒川・三日市・村松・峰岡）、「柏崎県」（柏崎・与板・椎谷・高田・清崎）、「相川県《あいかわ》」の三県が設置された。明治六年に柏崎県が新潟県に併合、同九年には相川県も新潟県に併合され、明治十九年五月に東蒲原郡《ひがしかんばら》が福島県から編入されて、ようやく現在の新潟県域が確定するのである。

Q57

小林虎三郎の「米百俵」の故事！

幕末の長岡《ながおか》藩で指導的な役割を果たした家老・河井継之助《かわいつぐのすけ》は大胆な藩政改革を行って軍備を整え、戊辰《ぼしん》戦争では局外中立を主張したが、結局は新政府軍との全面対決に突入。長岡城の攻防戦での負傷がもとで命を落としている。

小林虎三郎《こばやしとらさぶろう》は、河井継之助のライバルともいうべき存在であった。文政《ぶんせい》十一年（一八二八）長岡藩士・小林又兵衛《またべえ》の三男として長岡城下に生まれた虎三郎は、十七歳で藩校崇徳館《そうとくかん》の助教を務めている。嘉永《かえい》三年（一八五〇）には江戸留学を命じられて佐久《さく》間象山《ましょうざん》の門下生となり、同門の吉田松陰《よしだしょういん》（寅次郎《とらじろう》）とともに象山門下の「両虎」「二虎」と並び称され将来を嘱望されていた。ところが安政《あんせい》元年（一八五四）、幕府に対し開国論を説いたことで藩主の不興を買い、国許に戻され蟄居《ちっきょ》を命じられる。

虎三郎が表舞台から退けられている間に、虎三郎とは幼い頃からの友人で一時は象山の塾でともに学んだ河井継之助は、藩政改革を掲げて累進を重ね、慶応《けいおう》三年(一八六七)には家老に起用された。次々に改革案を繰り出す河井に対し、虎三郎は蟄居中にもかかわらず性急に過ぎる改革の弊害を説いて批判を続けている。戊辰戦争への対応についても、徹底抗戦を唱えた河井に対し虎三郎は非戦を主張した。

河井の死後、藩の大参事《だいさんじ》に選ばれた虎三郎は、長岡を復興させるには人材育成が早道であるとして、教育第一主義を唱える。明治三年(一八七〇)支藩である三根山藩《みねやま》(新潟市西蒲区《にしかん》)から救援米が贈られた際には、困窮する藩士に分配すべきという意見を押し切って百俵の米を「国漢学校」創設の資金に換えたのである。国漢学校では士族以外の入学を許し、のちに洋学部や医学部も設置。明治憲法起草に従事した渡辺廉吉《わたなべれんきち》ら多くの人材を世に送り出し、同校の流れをくむ長岡洋学校からは哲学館《てつがくかん》(東洋大学)創設者の井上円了《いのうええんりょう》らが巣立っている。平成十四年(二〇〇二)には首相・小泉純一郎が所信表明演説で米百俵の逸話を引用し、改革の精神を説いて話題となった。

生来病弱で自ら「病翁《へいおう》」と号した虎三郎は明治十年八月に病没するが、その教育に対する情熱は「米百俵」の逸話とともに現在も長岡の地に伝えられている。

Q58 郵便制度を確立した前島密の人物像とは？

日本における近代的郵便事業の創始者として知られる前島密《まえじまひそか》。天保《てんぽう》六年（一八三五）越後《えちご》国頸城《くびき》郡下池部《しもいけべ》村（上越《じょうえつ》市）の豪農・上野《うえの》家に生まれた彼は、当初医学を志しわずか十二歳で江戸へ遊学。漢方、蘭学、さらにペリーの来航を機に英学や兵学を学び、航海術と海防研究を兼ねて箱館《はこだて》（函館市）へ赴くなど、全国を巡り貪欲に知識の習得に努めた。その才能を見込まれ、慶応《けいおう》元年（一八六五）には薩摩《さつま》藩に英学教授として招かれ藩士の身分を与えられるが、翌年には一転して徳川譜代《ふだい》の御家人《ごけにん》・前島家を継いで幕臣となり、兵庫奉行所で税関業務を経験している。

維新後は駿河《するが》（静岡県）に移された徳川家に従い静岡藩に出仕。明治三年（一八七〇）には民部省に出仕し、改正掛として通信・交通の整備、租税改正の立案に取り組んだ。

かつて全国を巡った経験を買われ駅逓権正《えきていごんのかみ》に任命されると、「音信を迅速に且《か》つ安

郵便制度を確立した前島密（国立国会図書館蔵）。上越市の誕生地（上野家跡）には前島記念館（日本郵政株式会社郵政資料館分館）が建ち、遺品類を展示している

全に通達せしむることの切要なるは、猶《なお》人体に於《お》ける血液運行の敏活自在を必要とするが如し」（自伝『鴻爪痕《こうそうこん》』）と痛感し、官営による通信事業を立案。「郵便」という言葉を自ら創案し、準備万端整えたうえで同年六月視察のためイギリスへ向かった。

翌明治四年八月に帰国した前島は、すでにこの年三月一日に東京―京都―大阪間で開始されていた郵便事業の確立に尽力。均一料金による郵便制度を全国に拡大し、明治八年にはアメリカを皮切りに外国郵便も開始している。

　後年貴族院議員を務め、明治二十七年に創立された北越鉄道会社の創立委員長を務めるなど、大正八年（一九一九）に没するまで故郷の発展にも尽くしている。

Q59

幕府から接収した「官営佐渡鉱山」のその後は？

慶長《けいちょう》年間（一五九六～一六一五）から江戸時代を通じて幕府の財政に大きく貢献してきた佐渡《さど》の金銀山は、明治を迎える頃には廃鉱寸前に追い込まれていた。

慢性的財政赤字を抱える明治新政府は全国的な鉱山の改革に着手し、明治二年（一八六九）佐渡鉱山を政府直営とする。

明治三年に着任したイギリス人技師・ガワーは鉱石の運搬を機械化。大幅なコストの低下をもたらすが、同時に大量の失業者が発生して一時は暴動寸前の不穏な状況となり、新発田《しばた》藩（新発田市）から兵二個小隊が派遣される騒ぎとなっている。続いて明治六年に鉱山長となった津田弘道《つだひろみち》が洋式溶鉱炉《ようこうろ》を建設。新たな精錬法を導入し、旧坑の整理統合を行って大立竪坑《おおたてたてこう》の開削に着手した。これらの改革により明治十年には金の産出量が前年の二・七倍、銀が二・四倍に増加している。

明治十八年には大島高任《おおしまたかとう》が鉱山長に就任。翌年佐渡鉱山は大蔵省の所管となり、大規模な竪坑の開削（のちに高任坑と呼ばれる）など鉱脈の再開発が始まった。洋式鑿岩《さくがん》機の導入や新式の製鉱所建設により、金銀の産出量も飛躍的に増加する。

明治8年（1875）に開削された日本最初の洋式立坑「大立竪坑」（株式会社ゴールデン佐渡 史跡佐渡金山提供）

明治二十二年に佐渡鉱山は宮内省に移管されて「御料局《ごりょう》佐渡支庁」となり、さらに同二十九年には三菱《みつびし》合資会社に払い下げられた。三菱による経営は昭和四十八年（一九七三）の佐渡金山株式会社独立を経て、平成元年（一九八九）の閉山まで続く。

ちなみに新潟県の電源周波数は一部を除いて50ヘルツであるが、佐渡は関西などで使用される60ヘルツで供給されている。これは太平洋戦争中に島内の電力不足分を鉱山の発電設備でまかなったことに始まっているという。

Q60

「越後三大花火」の一つ長岡花火は遊郭が主催していた⁉

柏崎《かしわざき》、片貝《かたかい》とともに「越後《えちご》三大花火」に数えられる長岡《ながおか》まつりの花火大会。信濃川《しなのがわ》河畔で行われるこの大花火は、秋田県の大曲《おおまがり》や茨城県土浦《つちうら》と並び「日本三大花火大会」と称されることもあるほど盛大かつ華やかな大会である。

長岡の花火は天保《てんぽう》十二年(一八四一)、長岡藩十代藩主・牧野忠雅《まきのただまさ》の川越《かわごえ》(埼玉県)移封中止を祝って上げられたのが最初であったという。

現在の長岡花火につながる本格的な行事として開催されたのは明治十二年(一八七九)九月十四日・十五日の両日、千手町八幡《せんじゅまちやはた》神社の祭礼で四寸(直径約一二センチ)・五寸・七寸の花火三百五十発が打ち上げられたのが始まりである。この花火は千手横町、山田《やまだ》町、長原などにあった遊郭の関係者が主催したものであったため、花火にはそれぞれ「芸娼妓《げいしょうぎ》の空涙」「放蕩《ほうとう》息子」といった名前がつけられていたという。

翌年には長生橋《ちょうせいばし》西の字柳島《やなぎしま》で花火が催され、以後恒例化。明治三十三年からは発色に制限のある日本花火にかわり、紫や黄色など華やかな色彩の西洋花火が主流となった。しかしこの当時全国的に盛りあがりつつあった廃娼《はいしょう》運動の影響もあり、遊郭関係者が花火に名を連ねることへの批判が出始め、明治四十二年を最後に遊郭主催の花火は終了。翌明治四十三年には商工会議所と北越《ほくえつ》新報社、越佐《えっさ》新報社が中心となり「長岡市大煙火《えんか》協会」が発足し、昭和十年(一九三五)に長岡市観光協会が設立されるまで主催者の務めを果たしている。戦争の影響で昭和十三年から二十一年まで中断されたものの、昭和二十二年八月一日・二日の「長岡復興祭」で平和への祈りを込めて復活。現在では八月二日・三日の両日で数十万人が訪れる一大イベントに成長を遂げている。

長岡花火(長岡市商工部観光企画課提供)

Q61

新潟県が全国一の人口だったことがある⁉

全国的な少子高齢化が叫ばれて久しいが、新潟県も例外ではない。過疎地域は増加しつつあり、全国的に見れば二百三十三万人（二〇一三年推計）を超える人口は少ない方ではないものの、県外への人口流出は増加傾向にある。

そんな新潟県の人口が、明治二十一年（一八八八）に約百六十六万人、同二十六年には約百七十万六千人を記録し、全国一を誇っていたことがある。ちなみに明治二十六年の東京の人口は百六十万八千人ほどであった。

もともと日本海側地方は江戸時代から北前船《きたまえぶね》の航路として栄え、気候的にも稲作に適していたことから、多くの人口を支える素地があったのである。

江戸時代から続く伝統産業である織物や製糸業、金物業も明治に入って生産が拡大され、近代工業の保護育成も進められた。

加えて石油開発ブームが起こり、石油産業の拡大と同時に機械・化学などの関連工業も発展。明治十九年には信越《しんえつ》線直江津《なおえつ》―関山《せきやま》間が開通し、同二十六年には直江津―高崎《たかさき》間が開通するなど交通網も発達を遂げ、県内に多くの人びとが流入するきっかけとなった。

しかし明治二十九年に信濃川《しなのがわ》は大洪水が発生し、県内の各河川でも出水して多くの地域が多大な被害をこうむった。翌明治三十年には水害による損害に加えウンカ（浮塵子。うんか科の昆虫）の異常発生という虫害もあり、稲作は大打撃を受けている。県内では米の供給が不足し米価も高騰。東京や大阪といった大都市圏よりも新潟の米価が高いという逆転現象も起き、県民の生活を圧迫した。

明治二十九年から農業人口が減少を始め、同三十二年までの三年間に西蒲原《にしかんばら》郡、刈《かり》羽《わ》郡、古志《こし》郡、新潟市、三島《さんとう》郡など水害の被害が多かった地域を中心に現住戸数の減少を記録するようになる。

首都圏への流出や北海道への移住、海外への移民も増加して県内の人口は減少傾向へと転じ、人口日本一の座は東京に明け渡すこととなったのである。

Q62

明治時代の新潟産石油開発ラッシュとは？

開国後石油ランプが輸入されるようになると、灯油に対する需要が急増する。このため古くから原油の産地として知られた新潟県では石油開発の気運が高まっていった。明治二十年代に入ると石油開発ブームが起こり、西山《にしやま》・新津《にいつ》・東山《ひがしやま》油田を中心に大規模な開発が行われ、近代的な設備を整えた大石油会社が登場する。

刈羽《かりわ》郡西山町石地（柏崎《かしわざき》市）の資産家で県会議員だった内藤久寛《ないとうひさひろ》（一八五九〜一九四五）は、明治二十一年（一八八八）五月に有限責任日本石油会社を設立。鑿井《さくせい》機械を輸入して機械掘りに成功し、日本における石油業近代化の先駆けとなった。

蒲原《かんばら》郡金津《かなづ》村（新潟市）に生まれた中野貫一《なかのかんいち》（一八四六〜一九二八）は明治七年から金津で手掘りによる石油採掘を始め、次第に事業を拡大。明治三十九年に中央石油株式会社、同四十二年に中野合資会社を設立し、新津油田の全盛期を支えている。

山田又七《やまだまたしち》（一八五五〜一九一七）は三島郡《さんとう》荒巻村《あらまき》（長岡市《ながおか》）の農家に生まれ、明治二十六年に宝田《ほうでん》石油を設立する。明治三十四年に外資系のインターナショナル石油が新潟に進出すると、小資本の石油会社が乱立する状況に危機感を覚え、周辺の企業を次々に買収。大規模な合併を繰り返して大会社へと成長し、東山油田の発展に貢献した。

こうして県内の石油産業は最盛期を迎えるが、あまりにも激しい開発・販売競争が展開されたため合併の話し合いが進み、大正九年（一九二〇）に日本石油が中央石油を買収。翌年には国内一位の日本石油と二位の宝田石油が対等合併を果たし、日本石油株式会社（現JX日鉱日石エネルギー）が誕生した。石油業の隆盛は鉄道の整備や化学・機械工業の振興を促し、新潟の発展に大きく寄与したのである。

宝田石油の頸城鑛場に林立する機械掘りの櫓群（「宝田石油株式会社頸城鑛場」笹川勇吉氏旧蔵絵はがきコレクションより。新潟県立歴史博物館提供）

Q63

一代で大倉財閥を築いた大倉喜八郎とは？

大倉喜八郎《おおくらきはちろう》は天保《てんぽう》八年（一八三七）に越後《えちご》国蒲原《かんばら》郡新発田《しばた》町（新発田市）で大名主の家に生まれた。十八歳で江戸へ出ると、幕末の混乱に商機を見出し、慶応《けいおう》元年（一八六五）大倉鉄砲店を開業。戊辰《ぼしん》戦争では新政府軍に大量の鉄砲を売りさばいた。

維新後の明治五年（一八七二）、海外視察に出た喜八郎はヨーロッパ歴訪中の岩倉《いわくら》遣欧視察団と出会い、岩倉具視《ともみ》や木戸孝允《きどたかよし》、大久保利通《おおくぼとしみち》、伊藤博文《いとうひろぶみ》ら政府要人の知遇を得る。このとき得た新政府とのパイプを活かし、帰国後の明治六年十月に大倉組商会を設立して貿易業に本格参入。明治七年の台湾出兵や日清《にっしん》・日露《にちろ》両戦役では兵站《へいたん》輸送や兵器・軍需物資の納入を独占し巨万の富を築くのである。明治四十四年には株式会社大倉組を設立し、大正六年（一九一七）に大倉鉱業・大倉土木組（大成《たいせい》建設株式会社）が独立。翌年大倉組を大倉商事に改組し、財閥としての体制を整えた。

喜八郎の事業拡大は戦争と密接にかかわっていたことから「政商」「死の商人」といった悪評が絶えず、牛肉の代わりに石を入れた缶詰を軍に納入したというデマをばらまかれたこともあった。しかし彼の活動は東京電燈（東京電力株式会社）や東京瓦斯《がす》会社（東京ガス株式会社）の設立などのインフラ事業から、帝国劇場の経営、大倉商業学校（東京経済大学）の設立といった文化・教育・福祉事業まであらゆる分野に及んでおり、近代国家の土台作りに多大な貢献を果たしたことは紛れもない事実である。

多くの企業を設立した大倉喜八郎（国立国会図書館蔵）

　昭和三年（一九二八）に死去して以後、とくに戦後は「戦争成金」などのレッテルを貼られてしまった喜八郎だが、近代的な産業の芽を育てた彼を単なる「政商」と切り捨てるのは正当な評価とはいえないだろう。

Q64

マスカット・ベーリーAを生み出した「日本のワイン用葡萄の父」！

高田《たかだ》の郊外、越後《えちご》国頸城《くびき》郡北方《きたかた》村（上越《じょうえつ》市）に、かつて生涯をワイン用の葡萄《ぶどう》作りに捧げた男がいた。名を川上善兵衛《かわかみぜんべえ》（幼名・芳太郎《よしたろう》）という。

川上家は宝永《ほうえい》年間から続く豪農で、当主は代々「善兵衛」を名乗った。慶応《けいおう》四年（一八六八）三月十日に生まれた芳太郎は七歳で父を失い六代目川上善兵衛を襲名する。

明治十五年（一八八二）四月、上京して慶應義塾に入学した善兵衛は、四代目善兵衛の頃から交流のあった勝海舟《かつかいしゅう》を頻繁に訪ねてその薫陶を受け、殖産興業こそ国を発展させる道と悟り郷里へと戻った。独学で英語とフランス語を学び、海外の知識を吸収して新潟県に新たな産業を興すことを目指したのである。

善兵衛は不安定な稲作にのみ頼る地元農業に限界を感じ、雪害に苦しむ小作人を救うためにも果樹栽培に活路を見出そうと考えた。そこで目を付けたのが葡萄の栽培である。海舟の家で飲んだ葡萄酒（ワイン）に興味を持っていた善兵衛は、フランスでの栽培事情や気候を調査。東京下谷《したや》区谷中《やなか》（台東区）に葡萄の苗木を育てて普及に努めていた小澤善平《おざわぜんべえ》を訪ね、茨城県牛久《うしく》で試験醸造を行っていた神谷傳兵衛《かみやでんべえ》の牛久園を視察研究し、明治二十三年六月、自宅の庭園を壊して「岩《いわ》の原《はら》葡萄園」を開くのである。

23歳の川上善兵衛（左）とワインを熟成させる第1号石蔵（国の登録有形文化財。以上、岩の原葡萄園提供）

しかし欧米から五百あまりの品種を取り寄せ栽培を試みたものの、日本の気候に適合するものがなく、大正十一年（一九二二）からは醸造用品種の改良に着手。約一万種の交雑のなかから昭和二年（一九二七）、優良品種として知られるマスカット・ベーリーAを完成させた。他にもワイン醸造に適した二十二品種を世に送り出し、現在では善兵衛が作り上げた葡萄が全国各地で国産ワイン造りに利用されているのである。

Q65

上越市が「日本スキー発祥の地」となったのはなぜ？

明治四十三年（一九一〇）十一月三十日、日本に初めてスキーを伝えた人物として知られるオーストリアの陸軍参謀少佐テオドール・エドラー・フォン・レルヒが横浜港に降り立った。本来レルヒ少佐は軍事研究将校として日本に派遣されたのであり、スキー指導のために来日したわけではない。しかし彼は来日時に二組のスキーを携えており、雪の多い地域への派遣を希望したという。陸軍省ではこれを軍へのスキー導入の好機と捉え、レルヒ少佐に指導を依頼。翌明治四十四年一月一日付で第十三師団歩兵第五十八連隊への配属を決定した。

一月五日に五十八連隊のある高田町《たかだ》（上越市《じょうえつ》）に到着したレルヒ少佐は、持参した物をもとに東京の砲兵工廠《ほうへいこうしょう》で作らせたスキー十台が届けられるのを待って、同十二日から早くもスキー演習を開始する。場所は連隊営内の雨履演習場であった。

演習に参加した十四名の将校を前に、レルヒ少佐は「メトゥル・レ・スキー（スキーを履け）」と号令をかけたが、スキーの着脱方法を知る者はなく、ただ呆然とするのみであったという。このように手探りの状態で始められた演習は、同年三月十二日までの二か月間に計三十二回行われた。当初は少佐が自ら模範を示し手取り足取りの演習であったが、後半になると機関銃の運搬や雪中での露営《ろえい》方法など本格的な軍事教練が行われ、南葉山《なんばさん》へのスキー登山も行っている。

高田（金谷山）におけるレルヒのスキー姿（小熊和助氏撮影。日本スキー発祥記念館〈上越市〉提供）

結果的に日本ではスキーの軍事的価値は少ないと判断されたが、民間でこそ利用価値があると考えた長岡外史《ながおかがいし》師団長らの尽力で講習会が開催され、たちまち高田を中心に近県へ普及。冬のスポーツとして急速に全国へと広がったのである。

Q66

米菓の代表「柿の種」はどうやって生まれた？

鮮やかなオレンジ色と三日月型のユニークな形で親しまれている米菓・柿《かき》の種《たね》。その国内シェアはほとんどが新潟県内のメーカーによって占められている。

柿の種が誕生したのは大正十四年（一九二五）。生みの親は長岡市に本社のある浪花《なにわ》屋製菓《やせいか》株式会社の創業者・今井與三郎《いまいよさぶろう》である。

與三郎は明治二十八年（一八九五）三島《さんとう》郡来迎寺《らいこうじ》村（長岡市）の農家に生まれた。海軍勤務のあと親戚のせんべい屋を手伝って資金を貯め、大正十二年に独立。商売のかたわら、新しいあられ作りの研究に明け暮れた。

そんなある日、あられの生地となる板餅《いたもち》を型抜きする楕円形の金筒を與三郎の妻が誤って踏みつけてしまい、三日月形になってしまった。やむなくこの金筒を使って三日月形のあられを製造し、醤油やみりんのほかに胡椒《こしょう》を使って味付けを工夫。納入先の一つであった長岡市内の八百屋「八百庄」の主人で近藤某という老人が、その形から「柿の種」と命名してくれたのだという。

與三郎は大正十三年に屋号を「浪花屋」と定めると、この新しいタイプのあられにさらなる改良を加え、翌大正十四年の暮れに「元祖浪花屋柿の種」が誕生。好調な売れ行きを示し事業は軌道に乗った。

　戦後の昭和三十年代になると類似品が横行し、與三郎はその対応に苦慮したものの、ことさらに権利を主張することはなかった。このため多くの業者がこの人気米菓を製造。柿の種は一商品から米菓の一ジャンルへと進化を遂げ、新潟の米菓産業発展に大きな貢献を果たしたのである。

昭和30年（1955）頃の今井與三郎・さき夫妻（左）と「元祖・柿の種」（以上、浪花屋製菓株式会社提供）

Q67

新潟県初の連合艦隊司令長官・山本五十六とは？

昭和十六年(一九四一)十二月八日、日本海軍がハワイ・真珠湾に停泊するアメリカ太平洋艦隊に大打撃を与え、太平洋戦争の火ぶたが切られた。この作戦を指揮し成功に導いたのが、連合艦隊司令長官にして海軍大将の山本五十六《やまもといそろく》である。

五十六は旧長岡《ながおか》藩士・高野貞吉《たかのさだよし》の六男として明治十七年(一八八四)古志《こし》郡長岡玉蔵《ぎょくぞう》院町《いんちょう》(長岡市)に生まれた。父・貞吉五十六歳のときの子であったため「五十六」と名づけられたという。祖父の貞通《さだみち》は慶応《けいおう》四年(一八六八)の戊辰《ぼしん》戦争で戦死。父も長岡城攻防戦のあと会津若松《あいづわかまつ》城(福島県会津若松市)に入り戦傷を負っている。

早くから海軍に憧れた五十六は、長岡中学を経て海軍兵学校に入学。在校中に日露戦争が勃発したため卒業後間もなく巡洋艦日進《にっしん》乗り組みを命じられ、ロシアのバルチック艦隊に大勝利を収めた日本海海戦を経験している。

その後艦隊勤務を経て海軍大学校に進んだ五十六に、旧長岡藩主の牧野《まきの》忠篤《ただあつ》子爵から、長岡藩の家老を務めた名家・山本家の家督を継いで欲しいという依頼がもたらされた。山本家は当主・山本帯刀《たてわき》が戊辰戦争の際に長岡藩を率いて新政府軍と戦った罪を問われ、戦後改易《かいえき》・断絶の憂き目にあっていた。大正五年（一九一六）九月、三十三歳の五十六はこの申し出を承諾し、山本家の名跡を継いだのである。

作戦立案中の山本五十六（国立国会図書館蔵）

　アメリカ駐在武官やロンドン軍縮会議の予備交渉を経験した五十六は順調に昇進し、昭和十一年（一九三六）海軍次官に就任。続いて同十四年に連合艦隊司令長官を命じられ、太平洋戦争緒戦の作戦全般を指揮した。しかし日本を勝利に導くことは叶わず、志半ばにして昭和十八年四月十八日ソロモン諸島上空で戦死を遂げている。

Q68

「魚沼産」で有名な「コシヒカリ」が誕生した経緯は？

水稲うるち米の数ある品種のなかで、昭和五十四年（一九七九）以来作付け面積一位の座を守り続けている「コシヒカリ」。この人気品種は新潟県で生まれ、福井県で育ち、再び新潟県に里帰りして全国に広まった。

日本で本格的に米の品種改良が開始されたのは大正時代後期のこと。昭和六年に誕生した「農林《のうりん》一号」以来、味の向上や収穫量の増加に不断の努力が続けられてきた。

食料増産が国家的急務であった太平洋戦争末期の昭和十九年、長岡市長倉町の新潟県農事試験場主任技師・高橋浩之《たかはしひろゆき》は、病気に強い米の開発を目指して晩生種の農林二十二号と早生種《わせしゅ》の農林一号の人工交配を行った。

終戦の混乱で開発は中断を余儀なくされたものの、昭和二十一年に農林二十二号と農林一号の雑種第一代が誕生する。

しかし同二十二年の第二代は評価が低く、農林二十二号×農林一号の雑種第二代は当時新設されたばかりの福井県農事改良実験所に譲渡されることとなった。

それまで地域に適した独自の品種がなかった福井県では、農事改良実験所長の岡田《おかだ》正憲《まさのり》、石墨慶一郎《いしずみけいいちろう》らが中心となって育種を開始する。試験を始めた直後の昭和二十三年六月二十八日には福井大地震に見舞われ試験田が大打撃を受けるが、この品種のみは奇跡的に被害を回避。年ごとに改良を加え、昭和二十八年「越南《えつなん》十七号」という試験名をつけて二十三の府県に適応性試験を依頼する。

しかし越南十七号は茎が細いため倒れやすく、いもち病などにも弱かった。このため多くの府県が越南十七号を評価しなかったが、そんななかで新潟県と千葉県のみが「有望」と判断したのである。

昭和三十年、新潟県では倒れやすいが味と品質に優れた越南十七号を奨励品種に採用。〝越の国に光り輝く〟という意味を込めて「コシヒカリ」の名が与えられた。

コシヒカリは昭和三十六年頃には山間部の魚沼《うおぬま》地方に定着し、やがて新潟産米の一大ブランドへと成長。寒冷地を中心に全国へと普及したのである。

Q69

アサヒビールの社祖・外山脩造は河井継之助の薫陶を受けた！

のちに関西実業界の大立者となる外山脩造《とやましゅうぞう》は、天保《てんぽう》十三年（一八四二）越後《えちご》国古志《こし》郡小貫《こつなぎ》村（長岡《ながおか》市）の庄屋の子として生まれた。幼名を寅太《とらた》という。幼い頃から漢学や国学に親しみ、江戸へ出て清河八郎《きよかわはちろう》や儒者・塩谷宕陰《しおのやとういん》に師事。十七歳のときに河井継之助《かわいつぐのすけ》の知遇を得て、以後師事するようになる。河井は脩造を可愛がり、いずれ武士に取り立てるつもりであったという。

慶応《けいおう》四年（一八六八）戊辰《ぼしん》戦争が始まり、局外中立を目指した河井の思惑が外れ越後も戦火に見舞われると、脩造も河井に付き従い従軍した。しかし河井は長岡城の攻防戦で負傷し、会津《あいづ》（福島県）へと逃れる途中で落命してしまう。このとき河井は脩造に対し〝武士になるばかりが栄達の道ではない〟と説き、

「世の中は大変面白くなって来た。寅（脩造の幼名）や何でも是《これ》からの事は商人が早道

だ、思い切って商人になりやい」

と脩造の一生を左右する助言を遺している。

戦後慶應義塾や開成学校に学んだ脩造は明治五年（一八七二）秋田県に出仕。翌年大蔵省に入り国立銀行の設立に尽力した。同十一年、渋沢栄一《しぶさわえいいち》の誘いで退官すると大阪第三十二国立銀行総監役となり、のちに日本銀行大阪支店の支店長も務めている。

この間多くの企業の設立に関与。明治二十年にはアサヒビールの前身・有限責任大阪麦酒会社の発起人に名を連ねている。大阪麦酒会社は同二十五年に「アサヒビール」を発売し大反響を巻き起こした。これ以降も脩造は阪神電鉄社長を務めるなど、大正五年（一九一六）七十五歳で没するまで関西財界の重鎮として活躍。河井の言葉どおり〝商人〟としての人生をまっとうしたのである。

外山脩造（左）とアサヒビール発売記念写真（以上、アサヒグループホールディングス株式会社提供）

Q70

初の新潟県出身総理大臣・田中角栄はなぜ「今太閤」と呼ばれた？

戦後日本の歴代宰相のなかでも田中角栄《たなかかくえい》ほど毀誉褒貶《きよほうへん》の激しい政治家はいない。金権まみれの汚職政治家と罵る者もあれば、日中国交正常化を実現し国土の開発を推進した優れた政治家と褒め称える者もあり、いまだその評価は定まっていない。

大正七年（一九一八）刈羽郡《かりわ》二田村《ふただ》（柏崎市《かしわざき》）に生まれた田中は、二田高等小学校卒業後上京して中央工学校土木課を卒業。兵役を経て昭和十八年（一九四三）田中土建工業を設立し、敗戦直後には施工実績で全国五十一番という中堅企業に育て上げた。

昭和二十二年四月の総選挙で新潟三区から初当選。同三十二年には岸信介《きしのぶすけ》内閣の郵政大臣として初入閣を果たしている。佐藤栄作《さとうえいさく》内閣（昭和三十九年〜四十七年）では大蔵大臣や通産大臣を歴任し、高度成長政策の中心人物として活躍。自由民主党の政調会長や幹事長も務め政界の実力者にのし上がった。

昭和四十七年六月には『日本列島改造論』(日刊工業新聞社刊)を発表し、人口・産業の地方分散などを唱えてベストセラーを記録している。直後の七月に自民党総裁に選ばれ、佐藤栄作のあとを受けて五十四歳という若さで首相に就任した。

幼い頃に貧困を味わい、満足に学業を修められなかった田中の庶民的で豪快なキャラクターは、東大卒で運輸官僚出身のエリートである佐藤との対比から国民的な人気を獲得し「今太閤《いまたいこう》」「コンピューター付きブルドーザー」などともてはやされた。

昭和四十七年九月二十九日の日中国交正常化でその人気はピークに達するが、持論の列島改造政策は土地インフレを誘発し物価上昇を招く。加えてその金権体質が批判され、昭和四十九年十一月に退陣に追い込まれている。

昭和五十一年七月には航空機売り込みに絡む汚職事件「ロッキード事件」で逮捕・起訴され、のちに有罪判決を受けたものの地元での人気は衰えることがなく、平成二年(一九九〇)に政界を引退するまで当選十六回を数えた。

平成五年十二月十六日死去。故郷柏崎市西山町の二田小学校跡地には平成十年、田中角栄記念館がオープンしている。

もっと知りたい歴史こばなし⑤

高田藩の石油資源開発とは？

石油のことを古くは「草生水《くそうず》」「草生水油」「石脳油《せきのう》」「石漆《いしうるし》」などと呼んでいた。新潟県は『日本書紀《にほんしょき》』の昔から石油の産出で知られていた。

石油は灯火のほかにも薬としても需要があった。皮膚病に効くとされていたのだ。江戸後期になると、自然の滲出《しんしゅつ》油だけでは需要が賄《まかな》えなくなったらしく、井戸を掘って採油を行うようになった。文政《ぶんせい》11年（1828）には、高田※預所《あずかりしょ》役所から認可を受けて国川《こくがわ》村（上越市牧《まき》区）が試掘し、翌年には65樽の採油に成功している。天保《てんぽう》15年（1844）には、機織《はたおり》村（上越市板倉《いたくら》区）からも試掘願いが藩に出ている。石油滲出地では天然ガス（風《かざ》草生水）も噴出する場合もあるが、これを燃やして煤《すす》（煙炭・煙気）を採取しての墨の製造も行われていた。文久《ぶんきゅう》元年（1861）には事業化に成功している（棚広《たなひろ》村）。

高田藩みずからが開発することはなかったようであるが（天保10年には石油滲出地の実態調査を行っている）、石油の試掘や製品化には藩の認可を必要とし、運上金（一種の税金）を上納させていた。

※預所は預地ともいい、国川村は幕府直轄地で高田藩が管理を委託されていた。

あなたの知らない

新潟県の歴史

◆

資料篇

新潟県章

新潟県の歴史略年表

※改元年は新年号で表記。

年号	西暦	できごと
(旧石器)	BC1万3000年頃	荒屋遺跡(長岡市)に北方から細石器文化が伝播
(縄文)	BC3000年頃	沖ノ原遺跡(津南町)・馬高遺跡(長岡市)などの環状集落が発達。火焔型土器が盛行。西頸城で翡翠の玉作りと蛇文岩製の磨製石器が量産される
(弥生)	紀元前後	下谷地遺跡(柏崎市)などの農耕集落が出現
(古墳)	3世紀	古津八幡山遺跡(新潟市)や裏山遺跡(上越市)などの大規模高地性集落・環濠集落が発達
	4世紀	越後平野に前方後円墳・前方後方墳が出現(稲葉塚古墳・山谷古墳)。日本海北限の前方後円墳である菖蒲塚古墳が築造
(欽明5)	544	佐渡に謹慎人が来航
(崇峻2)	589	阿倍臣北陸道に派遣され、越国境などを巡見
大化3	647	渟足柵(新潟市)を設け、柵戸を置く
大化4	648	磐舟柵を設け、越と信濃の民を柵戸とする
(天智7)	668	越国が然土・燃水を朝廷に献上
(文武4)	700	越後・佐渡両国に磐舟柵の修理を命じる
大宝2	702	越中から4郡が移管され越後は6郡となる
慶雲2	705	威奈真人大村が越後城司となる(707年越後城で死去)
和銅元	708	越後国の申請で出羽郡が新設される(712年新設の出羽国に移管)
和銅3	710	平城京遷都
養老6	722	穂積朝臣老が佐渡配流となる
神亀元	724	佐渡国など6か国が遠流の国に指定される
天平15	743	佐渡国が越後国に合併
天平勝宝4	752	渤海使が佐渡に来航。佐渡国を越後国から分離
延暦4	785	能登守・三国真人広見が佐渡配流となる
延暦13	794	平安京遷都
治承4	1180	源頼朝が伊豆で挙兵。城資職が信濃に攻め入り木曾義仲に敗北
養和元	1181	城資職(長茂)が越後守に就任(1183年罷免)
文治5	1189	城資職(長茂)が奥州合戦に参加し、幕府御家人となる
建久元	1190	鎌倉幕府成立(異説あり)
建仁元	1201	城資盛・坂額御前らが鳥坂城(胎内市)で挙兵
承元元	1207	親鸞が越後国府に流罪(承元の法難。1211年赦免)
承久3	1221	順徳上皇が佐渡配流(～1242年)
文永8	1271	日蓮が佐渡に配流(1274年赦免)
元弘3	1333	建武の新政で新田義貞が越後国司に任じられる
暦応4	1341	南朝の宗良親王(後醍醐天皇皇子)が越後に下向(～1355年)
応永30	1423	応永の大乱勃発(～1425年)
応永33	1426	和田房資らが長尾邦景と三条城で戦う(応永の再乱)
永享6	1434	世阿弥が佐渡に配流
宝徳2	1450	越後守護・上杉房定が守護代・長尾邦景を攻め自刃させる
文明12	1480	上杉房定が調停し、鎌倉公方と将軍とを講和させる
永正4	1507	長尾為景が上杉定実を守護に擁立。揚北衆が2派に分かれて抗争(永正の乱)
永正6	1509	長尾為景が関東管領・上杉顕定に攻められ、佐渡に逃亡
永正7	1510	長尾為景が上杉顕定を破る(長森原の戦い)
永正10	1513	上杉定実と長尾為景の対立表面化(永正の再乱)
永正11	1514	長尾為景が六日市の戦いで上杉定実を破る

享禄3	1530	享禄・天文の乱(1536年家督を子・晴景に譲り、長尾為景隠退)
天文11	1542	上杉定実の養子縁組問題が紛糾(天文の乱。〜 1548年)
天文13	1544	長尾景虎(のちの上杉謙信)が栃尾城に押し寄せた国人衆を撃退(栃尾城の戦い)
天文14	1545	長尾景虎が黒田秀忠の反乱を鎮定(黒滝城の戦い)
天文17	1548	長尾景虎が家督を継ぐ
天正6	1578	上杉謙信が急死し、家督争い勃発(御館の乱。〜 1579年)
天正17	1589	上杉景勝が佐渡を平定
慶長3	1598	上杉景勝が会津に転封となり、堀秀治が越後に入部
慶長5	1600	上杉景勝が越後に進攻。越後で上杉遺民一揆勃発。関ヶ原の戦いで東軍が勝利
慶長6	1601	佐渡の「道遊の割戸」で金銀の露頭が発見される。佐渡が徳川氏の直轄領となり、田中清六が代官となる(1603年罷免)
慶長8	1603	徳川家康が征夷大将軍に任官
慶長9	1604	大久保長安が佐渡奉行に就任(1613年死去)
慶長12	1607	堀秀治が福島城(上越市)を築城
慶長15	1610	高田藩(堀忠俊)が御家騒動のため改易され、松平忠輝が福島城に入る(1616年改易)
慶長19	1614	天下普請の高田城(上越市)が完成
元和4	1618	牧野忠成が越後長峰(上越市)から長岡に入封
寛永14	1637	長岡藩初代藩主・牧野忠成の実弟・秀成と嫡子・光成が相次いで死去
延宝2	1674	高田藩で御家騒動勃発(越後騒動。1681年改易)
貞享2	1685	稲葉正通が小田原から高田に転封
元禄3	1690	荻原重秀が佐渡奉行就任(1712年罷免)
宝永7	1710	村上藩の領民3名が江戸城坂下門で老中に駕籠訴(村上4万石騒動)
天保2	1831	島崎村(長岡市)で良寛死去
天保8	1837	生田万が柏崎陣屋を襲撃(生田万の乱)。鈴木牧之『北越雪譜』が江戸で出版される
安政2	1855	井栗村(三条市)の松川弁之助が蝦夷地開拓のため箱館に渡る
慶応3	1867	河井継之助が長岡藩家老となる
明治元	1868	鳥羽・伏見の戦い(戊辰戦争開始)。新潟・佐渡裁判所設置。新潟裁判所を越後府に改称。柏崎県設置。長岡藩軍事総督・河井継之助と新政府軍軍監・岩村精一郎が会談(小千谷談判)。奥羽越列藩同盟成立。長岡城攻防戦。越後府設置。長岡藩降伏(9月23日)。長岡藩改易、赦免
明治2	1869	越後府を再置。新潟府を新潟県に改称。版籍奉還。越後府を水原県に改称し新潟県を合併。佐渡鉱山が政府直営となる。佐渡県・柏崎県が再置
明治3	1870	水原県が新潟県に改称。信濃川の大河津分水工事着工(1875年中止)。長岡藩が国漢学校を創設
明治4	1871	廃藩置県、新潟県域に13県が設置。諸県を統合し、新潟・柏崎・相川3県を設置
明治5	1872	大河津分水騒動(悌輔騒動)勃発
明治19	1886	東蒲原郡を新潟県に編入(新潟県域確定)
明治21	1888	内藤久寛が有限責任日本石油会社を設立(のちＪＸ日鉱日石エネルギー)
明治29	1896	佐渡鉱山が三菱合資会社に払い下げ(1989年閉山)
明治42	1909	大河津分水工事再開(1922年完成)
明治44	1911	オーストリアのレルヒ少佐が高田町(上越市)でスキーを実演
大正14	1925	「元祖浪花屋柿の種」が誕生
昭和2	1927	川上善兵衛がワイン用葡萄マスカット・ベーリーAを完成
昭和30	1955	越南17号を「コシヒカリ」と命名
昭和47	1972	田中角栄が第64代首相に就任

城氏略系図

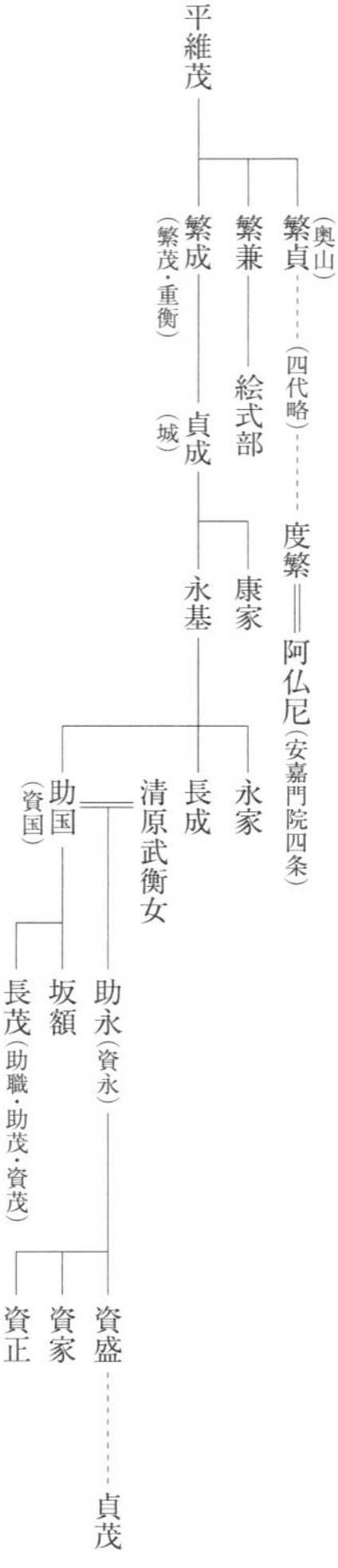

※城氏は桓武平氏の一流で余五将軍平維茂の子繁成が出羽（秋田）城介だったことから、貞成以降城氏を称したとされる。『日本史総覧』『国史大辞典』などの諸系図を参考に掲出したが、『吾妻鏡』に城助永の母は清原武衡女とされることを加味した。

越後上杉氏略系図

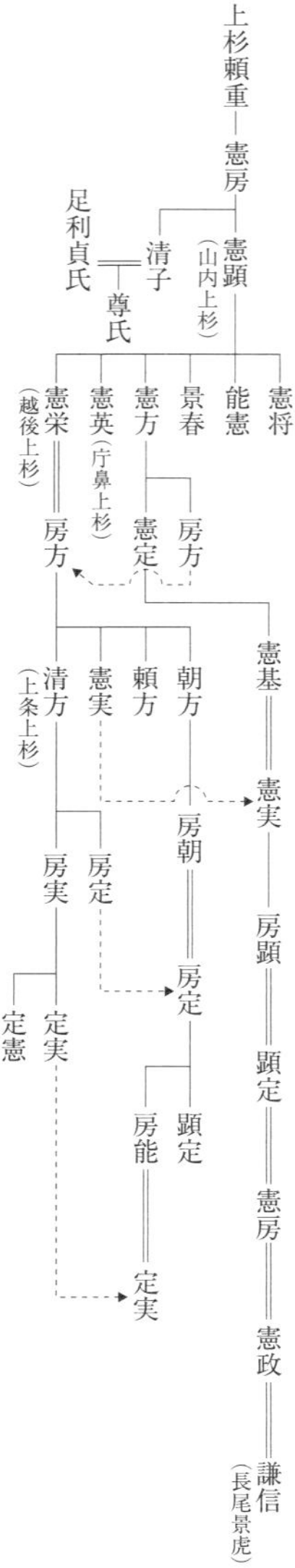

※上杉氏は藤原氏の一流勧修寺高藤より発し、重房の時に丹波国上杉荘を領して上杉氏を称し、建長四年（一二五二）に宗尊親王に従い鎌倉に下向し、子孫が関東に広がったとされる。系図は頼重の代から掲出した。上条定憲は房実の孫とも顕定の子とする説もある。

※縦の：は代数略、‖は養子関係、横の＝は婚姻関係を、各々示す。

越後長尾氏略系図

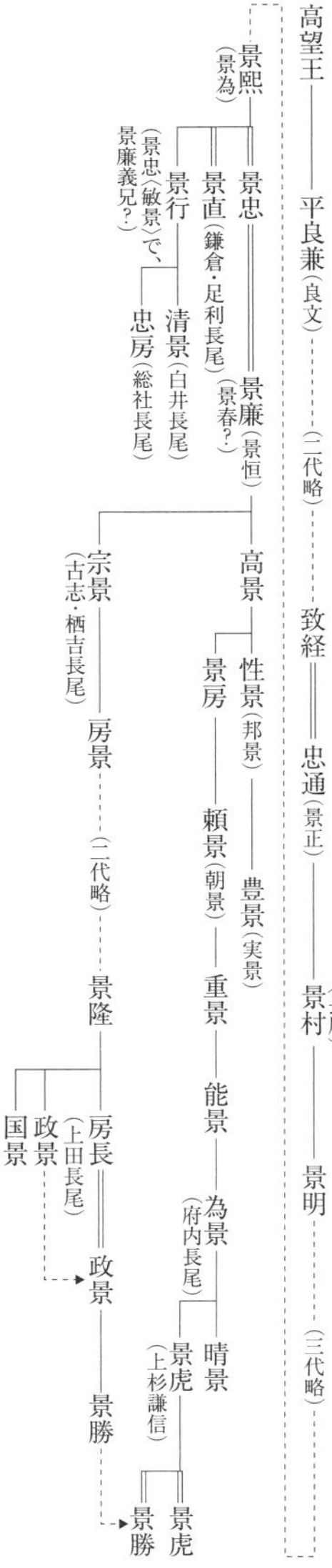

※『越佐史料』掲出の長尾氏系図では、房長・為景・為重を能景の子で兄弟とするなど異同がある。ここでは『国史大辞典』掲出の長尾氏系図に準拠し景房を補った。

長岡藩主・牧野氏略系図

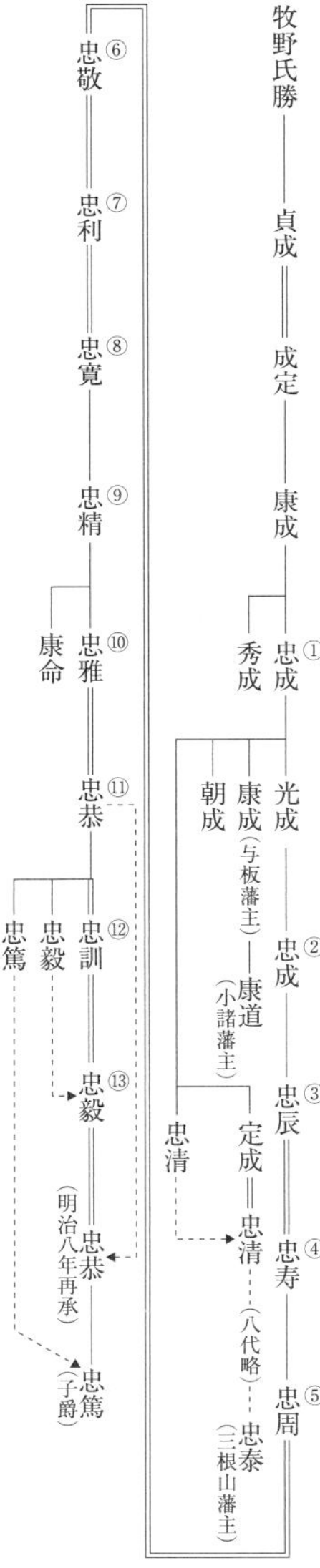

※牧野氏は家譜によれば武内宿禰の後裔とするが、室町時代に三河守護一色氏の被官として歴史に現われる。ここでは長岡藩主牧野氏の初代とされる氏勝から掲出したが、氏勝は三河牛久保城主牧野氏の初代成勝とも見られている。なお、丸付数字は藩主の代数。

新潟県にあった主な諸藩の藩主変遷

※数字は藩主在任（最後の藩主には藩知事任期も含む）、人名右の地名は旧領、左は転封先、——がないものは転封により他家が入ったことを示す。

〔村上藩〕

※豊臣時代の堀秀治の与力大名・村上頼勝が関ヶ原合戦後に所領安堵され立藩。その後、堀氏を経て譜代小藩が交替し、享保五年（一七二〇）、内藤弌信が駿河田中から入ってから藩主家が安定した。藩庁は村上城（舞鶴城。村上市大字村上・羽黒町・二之町・三之町・新町・大字本町）

（下野烏山）村上頼勝 一五九八～一六〇四 —— 同忠勝 一六〇四～一八（改易）

（越後蔵王堂）堀直寄 一六一八～二六 —— 同直次 一六二六～三八 —— 同直定 一六三八～四二（無嗣改易）

（遠江掛川）本多忠義 一六四四～一六四九（陸奥白河）

（播磨姫路）松平直矩 一六四九～六七（豊後日田）

（播磨姫路）榊原政倫 一六六七～八三 —— 同政邦 一六八三～一七〇四（播磨姫路）

（播磨姫路）本多忠孝 一七〇四～〇九 —— 同忠良 一七〇九～一〇（三河刈屋）

（上野高崎）松平輝貞 一七一〇～一七（上野高崎）

（上野高崎）間部詮房 一七一七～二〇 —— 同詮言 一七二〇（越前鯖江）

（駿河田中）内藤弌信 一七二〇～二五 —— 同信輝 一七二五 —— 同信興 一七二五～六一 —— 同信旭 一七六一～六二 —— 同信凭 一七六二～八一 —— 同信敦 一七八一～一八二五 —— 同信思（信親） 一八二五～六四 —— 同信民 一八六四～六八 —— 同信美 一八六八～一八七一（含藩知事）

〔新発田藩〕

※豊臣時代の堀秀治の与力大名・溝口秀勝が関ヶ原合戦後に所領を安堵されて立藩。外様で同氏の世襲で明治に至った。藩庁は新発田城（菖蒲城。新発田市大手町）。

（磐城棚倉）溝口秀勝 一五九八～一六一〇 —— 同宣勝 一六一〇～二八 —— 同宣直 一六二八～七二 —— 同重雄 一六七二～一七〇六 —— 同重元 一七〇六～一九 —— 同直治 一七一九～三二 —— 同直温 一七三二～六一 —— 同直養 一七六一～八六 —— 同直侯 一七八六～一八〇二 —— 同直諒 一八〇二～三八 —— 同直溥 一八三八～六七 —— 同直正 一八六七～七一（含藩知事）

〔長岡藩〕 ※長岡藩領には江戸初期には蔵王堂城を藩庁とする蔵王堂藩があった。堀直竒が元和二年（一六一六）、長岡城へ藩庁を移して立藩。元和四年、外様の堀氏転封後に譜代の牧野氏が入り、明治に至った。藩庁は長岡城（長岡市大町）

（越後蔵王堂）堀直竒 一六一六～一八（越後村上） ― （越後長峯）牧野忠成 一六一八～五五 ― 同忠成 一六五五～七四 ― 同忠辰 一六七四～一七二二 ― 同忠寿 一七二二～三五 ― 同忠周 一七三五～四六 ― 同忠敬 一七四六～四八 ― 同忠利 一七四八～五五 ― 同忠寛 一七五五～六六 ― 同忠精 一七六六～一八三一 ― 同忠雅 一八三一～五八 ― 同忠恭 一八五八～六七 ― 同忠訓 一八六七～六八 ― 同忠毅 一八六八～七〇（含藩知事・辞任廃藩）

〔高田藩（福島藩）〕 ※豊臣時代に入部した堀秀治が関ヶ原合戦後に所領安堵され立藩。松平忠輝改易後は譜代藩が交替し、寛保元年（一七四一）に榊原氏が入って幕末に至った。藩庁は高田城（上越市本城朝）。

堀秀治 一五九八～一六〇六 ― 同忠俊 一六〇六～一〇（改易） ― （信濃川中島）松平忠輝 一六一〇～一六（改易） ― （上野高崎）酒井家次 一六一六～一八 ― 同忠勝 一六一八～一九（信濃松代） ― （信濃松代）松平忠昌 一六一九～二三（越前福井） ― （越前福井）松平光長 一六二四～八一（改易） ―（天領）

（相模小田原）稲葉正往 一六八五～一七〇一（下総佐倉） ― （下総佐倉）戸田忠真 一七〇一～一〇（下野宇都宮） ― （伊勢桑名）松平定重 一七一〇～一二 ― 同定逵 一八一二～一八 ― 同定輝 一七一八～二五 ― 同定儀 一七二五～二七 ― 同定賢 一七二七～四一（陸奥白河）

（陸奥白河）榊原政永 一七四一～八九 ― 同政敦 一七八九～一八一〇 ― 同政令 一八一〇～二七 ― 同政養 一八二七～三九 ― 同政愛 一八三九～六一 ― 同政敬 一八六一～七一（含藩知事）

新潟県の成立年表

（慶応4年9月8日より明治改元）

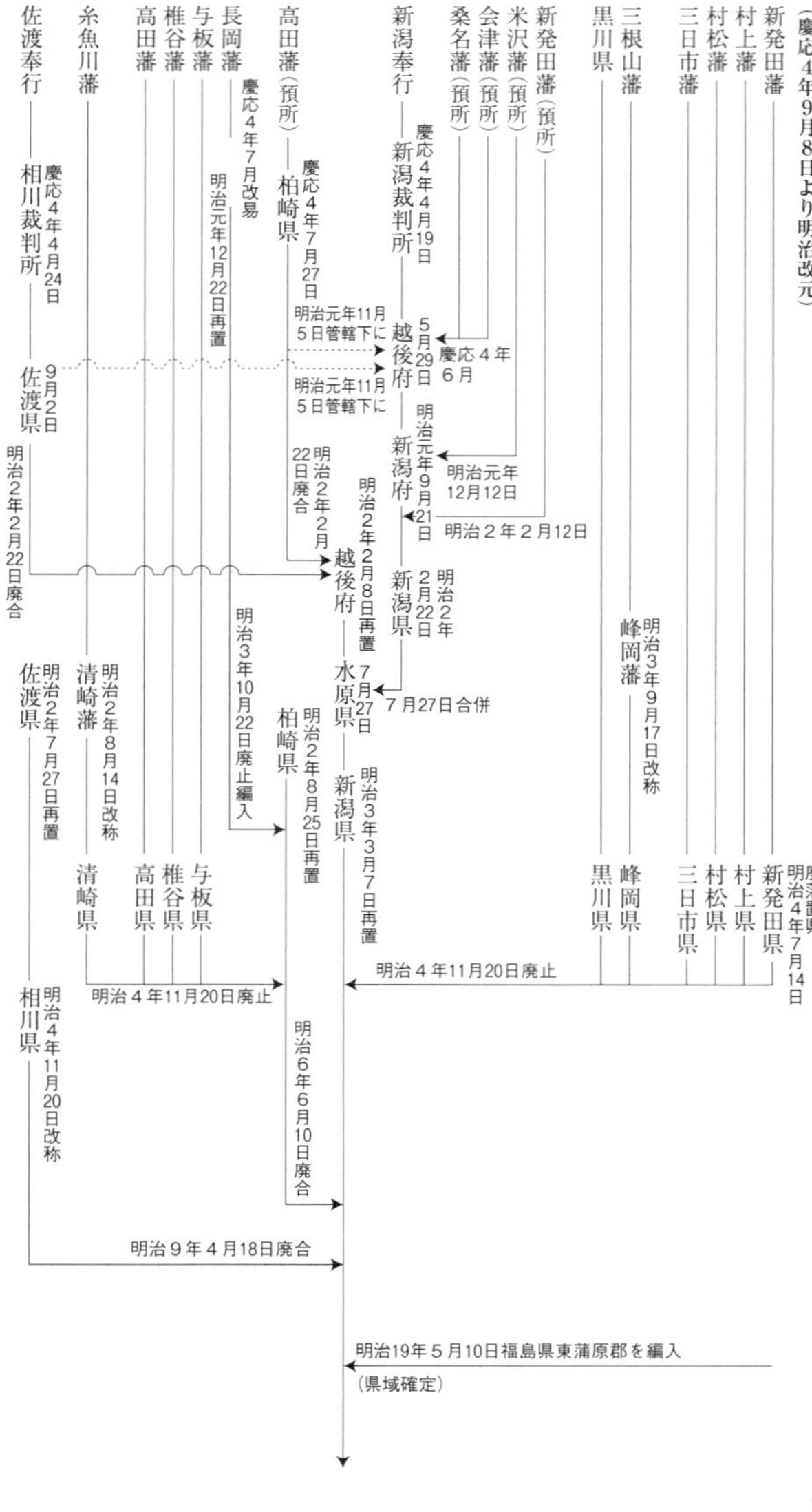

新発田藩
村上藩
村松藩
三日市藩
三根山藩
黒川藩
新発田藩（預所）
米沢藩（預所）
会津藩（預所）
桑名藩（預所）
新潟奉行
慶応4年4月19日
新潟裁判所
5月29日
越後府
慶応4年6月
明治元年9月21日
新潟府
明治元年12月12日
明治2年2月12日
明治2年2月22日
新潟県
高田藩（預所）
慶応4年7月27日
柏崎県
明治元年11月5日管轄下に
明治元年11月5日管轄下に
明治2年2月22日廃合
明治2年2月8日再置
越後府
7月27日
水原県
7月27日合併
明治3年3月7日再置
新潟県
長岡藩
慶応4年7月改易
明治元年12月22日再置
明治3年10月22日廃止編入
与板藩
椎谷藩
高田藩
糸魚川藩
佐渡奉行
慶応4年4月24日
相川裁判所
9月2日
佐渡県
明治2年2月22日廃合
明治2年7月27日再置
佐渡県
明治2年8月14日改称
清崎藩
明治2年8月25日再置
柏崎県
明治3年9月17日改称
峰岡藩
廃藩置県
明治4年7月14日
新発田県
村上県
村松県
三日市県
峰岡県
黒川県
清崎県
高田県
椎谷県
与板県
明治4年11月20日廃止
明治4年11月20日廃止
明治4年11月20日改称
相川県
明治6年6月10日廃合
明治9年4月18日廃合
明治19年5月10日福島県東蒲原郡を編入
（県域確定）

新潟県基本データ

面積	12,583.84km²(境界未定部分あり)〈2012年10月1日現在〉全国第5位
人口	2,334,375人〈推計人口、2013年6月1日現在〉全国第14位
人口密度	185.55人/㎢　全国第35位
世帯数	873,638〈2013年6月1日現在〉全国第15位〈2010年〉
隣接都道府県	6（山形・福島・群馬・長野・富山・石川〈海上〉）
県庁所在地	新潟市
政令指定都市	1（新潟市）
市町村数	30（市20・町6・村4）〈2013年4月1日現在〉全国第25位
県内総生産	8,606,775〈名目。単位：百万円。2010年度〉全国第14位〈2010年度〉
県の花	チューリップ(鬱金香)〈1963年8月23日制定〉
県の木	ユキツバキ(雪椿)〈1966年8月27日制定〉
県の鳥	トキ(朱鷺・鴇)〈1965年9月13日指定〉
県の草花	雪割草〈2008年3月1日指定〉
県の魚	なし
県の獣	なし
県の蝶	なし
県章	新潟県の頭文字「新」の字を中心に、「潟」を円形に模様化。融和と希望を象徴し、県勢の円滑な発展を託している。1963年8月23日制定。(p181トビラ参照)
県のシンボルマーク	県民とともに新鮮で魅力ある新潟県を築くためのシンボルとして、「新日本海フロント・新潟県」のイメージをデザイン化。環日本海時代の拠点である新潟県の美しい文化、情報が世界に広がっていく国際性、積極性を表現する。1992年3月27日制定
県マスコット	トッキッキ ※2009年に新潟県で開催の「トキめき新潟国体・トキめき新潟大会」マスコットキャラクターとして誕生。その活躍が認められ、同年10月に「新潟県宣伝課長」に任命された。
県の体操	なし
県民歌	県民歌〈1948年3月28日発表〉
県民の日	なし
県愛称	なし

【参考文献】

武内義雄編『軽雲外山翁伝』（商業興信所、一九二八年）／龍肅訳註『吾妻鏡』（岩波文庫、一九三九～四四年）／井上鋭夫『上杉謙信』（人物往来社、一九六六年）／吉野裕『風土記 東洋文庫１４５』（平凡社、一九六九年）／児玉幸多・北島正元編『物語藩史』第四巻（新人物往来社、一九七六年）／栃尾市史編集委員会『栃尾市史 別巻Ⅰ』（栃尾市役所、一九七八年）／山田源行編『郷土史事典 新潟県』（昌平社、一九八一年）／レルヒの会『人間レルヒ少佐』（レルヒの会、一九八一年）／桑原武夫編『新井白石（日本の名著15）』（中央公論社、一九八三年）／新潟県『新潟県史 通史編6 近代一』（新潟県、一九八七年）／「角川日本地名大辞典」編纂委員会編『角川日本地名大辞典（15）新潟県』（角川書店、一九八九年）／粉川宏『コシヒカリを創った男』（新潮社、一九九〇年）／花ヶ前盛明『上杉謙信』（新人物往来社、一九九一年）／鈴木牧之『北越雪譜』（岩波文庫、一九九一年）／長谷川利平次『佐渡金銀山史の研究』（近藤出版社、一九九一年）／工藤雅樹・佐々木利和『歴史博物館シリーズ 古代の蝦夷』（河出書房新社、一九九二年）／永原慶二『大系日本の歴史6 内乱と民衆の世紀』（小学館、一九九二年）／早坂茂三『田中角栄回想録』（集英社、一九九三年）／花ヶ前盛明『上杉景勝のすべて』（新人物往来社、一九九五年）／小島憲之・直木孝次郎他校注・訳『日本書紀②』（小学館、一九九六年）／植垣節也校注・訳『風土記』（小学館、一九九七年）／酒井義昭『コシヒカリ物語 日本一うまい米の誕生』（中央公論社、一九九七年）／小島憲之・直木孝次郎他校注・訳『日本書紀③』（小学館、一九九八年）／田中圭一・阿部洋輔他『新潟県の歴史』（山川出版社、一九九八年）／小村弌責任編集『図説 新潟県の歴史』（河出書房新社、一九九八年）／稲川明雄『河井継之助 立身は孝の終りと申し候』（恒文社、一九九九年）／角田文衛『平家後抄（上）』（講談社学術文庫、二〇〇〇年）／島津光夫『新潟の石油・天然ガス 開発の一三〇年』（野島出版、二〇〇〇年）／松本健一『国を興すは教育にあり』（麗澤大学出版会、二〇〇二年）／稲川明雄『長岡藩』（現代書館、二〇〇四年）／上越市史編さん委員会『上越市史 通史編5 近代』（上越市、二〇〇四年）／花ヶ前盛明『越後上杉一族』（新人物往来社、二〇〇五年）／矢田俊文『上杉謙信』（ミネルヴァ書房、二〇〇五年）／総務省統計局『新版 日本長期統計総覧』第一巻（日本統計協会、二〇〇六年）／森茂暁『戦争の日本史8 南北朝の動乱』（吉川弘文館、二〇〇七年）／宇田川武久編『鉄砲伝来の日本史―火縄銃からライフル銃まで』（吉川弘文館、二〇〇七年）／中央義士会監修『忠臣蔵四十七義士全名鑑 完全版』（小池書院、二〇〇七年）／新潟もの知り地理ブック編集委員会『新潟もの知り地理ブック』（新潟日報事業社、二〇〇七年）／大場喜代司『村上藩』（現代書館、二〇〇八年）／村山和夫『高田藩』（現代書館、二〇〇八年）／恒文社編集部編『柿の種のココロ』（恒文社、二〇〇八年）／山本幸司『日本の歴史09 頼朝の天下草創』（講談社学術文庫、二〇〇九年）／島津光夫『新潟の石油・天然ガス一〇話』（野島出版、二〇〇九年）／田中圭一・桑原正史他編『県史15 新潟県の歴史』（山川出版社、二〇〇九年）／新潟県の歴史散歩編集委員会編『新潟県の歴史散歩』（山川出版社、二〇〇九年）／アサヒビール株式会社１２０年史編纂委員会『アサヒビールの１２０年 その感動を、わかちあう。』（アサヒビール株式会社、二〇一〇年）／田中宏巳『山本五十六』（吉川弘文館、二〇一〇年）／大角修・藤巻一保他『名僧の事典』（学習研究社、二〇一〇年）／乃至政彦『上杉謙信の夢と野望』（洋泉社、二〇一一年）／花ヶ前盛明編『新潟県謎解き散歩』（新人物往来社、二〇一一年）／砂川幸雄『大倉喜八郎の豪快なる生涯』（草思社、二〇一二年）／今福匡『神になった戦国大名 上杉謙信の神格化と秘密祭祀』（洋泉社、二〇一三年）／市村宏「額田王の父・姉・弟――威奈真人大村墓志をめぐって」『國學院雑誌』第70巻第9号（國學院大学出版部、一九六九年九月）／堀健彦「明治中期の新潟県郷土雑誌と越後古図」『資料学研究』第5号（新潟大学大学院現代社会研究科「大域的文化システムの再構成に関する資料学的研究」、二〇〇八年三月）／堀健彦「平安越後古図の分類試論」『資料学研究』第7号（同前、二〇一〇年三月）

■監修者
山本博文(やまもと・ひろふみ)
1957年、岡山県生まれ。東京大学文学部国史学科卒業。文学博士。東京大学大学院情報学環・史料編纂所教授。専門は近世日本政治・外交史。『江戸お留守居役の日記』(読売新聞社、のち講談社学術文庫)で第40回日本エッセイストクラブ賞を受賞。主な著書に『切腹』『日本史の一級史料』(いずれも光文社新書)、『学校では習わない江戸時代』(新潮文庫)、『日曜日の歴史学』(東京堂出版)、『現代語訳武士道』(ちくま新書)、『東京今昔江戸散歩』(中経の文庫)などがある。

■執筆者(50音順)
春日和夫/岸祐二/中丸満/吉田渉吾/渡邊大門

■編集協力
三猿舎

歴史新書

あなたの知らない新潟県の歴史

発行日　2013年8月21日　初版発行
2013年12月19日　第2刷発行

監　修　山本博文©2013

発行者　江澤隆志

発行所　株式会社 洋泉社
東京都千代田区神田錦町1-7 〒101-0054
電話 03(5259)0251
振替 00190-2-142410 ㈱洋泉社

印刷・製本　錦明印刷株式会社
組　版　天龍社
装　幀　ウエル・プランニング(神長文夫・松岡昌代)

落丁・乱丁のお取り替えは小社営業部宛
ご送付ください。送料は小社で負担します。
ISBN978-4-8003-0203-8
Printed in Japan
洋泉社ホームページ http://www.yosensha.co.jp